Anthony de Mello

Die Fesseln lösen

Anthony de Mello

Die Fesseln lösen

Einübung in erfülltes Leben

Aus dem Portugiesischen
von Irene Lucia Johna

HERDER

FREIBURG · BASEL · WIEN

Die Bücher von Anthony de Mello entstanden in einem multireligiösen Kontext und sollten Anhängern anderer Religionen, Agnostikern und Atheisten eine Hilfe bei ihrer geistlichen Suche sein. Dieser Intention des Autors entsprechend, sind sie nicht als Darstellungen des christlichen Glaubens oder als Interpretationen katholischer Dogmen zu verstehen.
X. Diaz del Rio S.J., Gujarat Sahitya Prakash

Originalausgaben:

Teil I: *Caminhar sobre as águas*
Teil II: *Quebre o ídolo*

Ausgabe für Deutschland, Österreich und die Schweiz
Neuausgabe, 2. Auflage 2006, 9. Auflage der Gesamtauflage

www.herder.de

Druck und Bindung:
Clausen & Bosse, Leck
Gedruckt auf umweltfreundlichem,
chlorfrei gebleichtem und säurefreiem Papier
Printed in Germany

ISBN-13: 978-3-451-28572-1
ISBN-10: 3-451-28572-X

Vorwort des Herausgebers

Im Herbst 1981 hatte ich Gelegenheit, an einem von P. Anthony de Mello geleiteten geistlichen Kurs in Grand Coteau im Staate Louisiana teilzunehmen. Seine Gedanken und Ratschläge beeindruckten mich tief. Seitdem gehören seine Bücher zu meiner täglichen Lektüre. In ihnen entdecke ich immer neue Anstöße und Nahrung für mein geistliches Leben.

Anthony de Mello wurde 1931 in Bombay geboren und starb 1987 völlig unerwartet in New York. Als gesuchter Exerzitienleiter und weltbekannter Autor half der Jesuitenpater durch seine kreative Art unzähligen Menschen zu beten und auch glücklich zu leben. Dabei schöpfte er aus der Weisheit des Ostens wie der spirituellen Tradition des Westens, führte er seine Hörer wie Leser zu überraschenden Einsichten und zu einem neuen, wirklichen »Sehen mit dem Herzen«, immer wieder verbunden mit praktischen Anleitungen, das eigene Selbst zu entdecken.

Christliche Exerzitien in östlicher Form scheinen heute eine große Anziehungskraft auf die Menschen der westlichen Welt auszuüben. Als P. Anthony de Mello zum ersten Mal in New York im Fernsehen sprach, erhielt die zuständige Redakteurin während dieser Sendung mehr Anrufe als sonst in einem Jahr.

Was war bei ihm so außergerwöhnlich? Weil er jeden persönlich ansprach: »Sind Sie verärgert? Fühlen Sie sich zurückgewiesen, einsam, oder finden Sie, daß man Sie nicht genug schätzt? Genießen Sie nicht jeden einzelnen Augenblick eines jeden Tages? Antworten Sie mit ja, dann stimmt etwas mit Ihnen nicht.«

P. Anthony de Mello ging es stets darum, den Menschen zu helfen, diese Empfindungen zu ändern, um glücklich zu leben. Er gab Kurse, schrieb Bücher, sprach im Fernsehen, so auch einmal in einer Sendung, die live über Satellit ausgestrahlt wurde und bei der sechsundsiebzig Universitäten in den Vereinigten Staaten und Kanada angeschlossen waren, um mehr als 3000 Studenten in einem Rundgespräch Rede und Antwort stehen zu können.

»Einen großen Teil unseres Lebens«, hob P. de Mello immer wieder hervor, »bewegen wir uns entweder in der Vergangenheit, beweinen wir vergangene Fehler, sind bedrückt und schleppen schwere Schuldenlasten mit uns herum, oder wir beschäftigen uns mit der Zukunft, sind von der Angst gelähmt, was sie wohl bringen wird.« Das zu erkennen, alle lähmenden Fixierungen, Fesseln und Anhänglichkeiten abzuwerfen, ist die Botschaft und der rote Faden, der seine Bücher durchzieht und deren Lektüre so faszinierend und befreiend macht.

São Paulo, November 1992 Núbia Maciel Franca

Inhalt

ERSTER TEIL

Auf den Wassern wandeln

Gebet, Liebe, Spiritualität, Religion bedeuten,
sich von Illusionen frei zu machen.
Wenn Religion einen dazu bringt, großartig!
Wenn sie einen davon abbringt,
ist sie eine Krankheit, eine Plage,
die es zu vermeiden gilt.
Sind die Illusionen erst einmal aufgegeben,
wird das Herz weit und frei, hat die Liebe Raum.
Dann wird es Glück geben.
Dann wird es Veränderung geben.
Und nur dann werden Sie wissen, wer Gott ist . . .

Anthony de Mello

Die Sünde

Im ersten Brief an die Korinther, in dem der Apostel Paulus über die Liebe spricht, gibt es einen wunderbaren Satz, der heißt: »Die Liebe trägt das Böse nicht nach« (13,5). Manchmal sage ich den Leuten: »Sie werden sicherlich sehr enttäuscht sein, wenn Sie einmal dort oben ankommen und feststellen werden, daß es keine Sünde gibt, die Gott nicht vergeben könnte.«

Ich kenne eine Geschichte von einer Frau, die glaubte, sie habe Gotteserscheinungen. Also ging sie zum Bischof, um sich von ihm Rat zu holen.

Der Bischof legte ihr nahe: »Sie mögen an Erscheinungen glauben. Haben Sie aber dafür Verständnis, wenn ich als Bischof der Diözese darüber entscheide, ob Ihre Erscheinungen echt oder falsch sind.«

»Durchaus, Exzellenz!«

»Sie werden also tun, was ich von Ihnen verlange?«

»Das werde ich, Exzellenz.«

»Also hören Sie gut zu: Wenn Sie sagen, daß Ihnen Gott erschienen ist und er Ihnen das nächste Mal erscheint, werden Sie eine Probe machen. Dadurch werde ich wissen, ob es wirklich Gott ist.«

»Einverstanden, Exzellenz. Aber wie geht die Probe?«

»Sagen Sie zu Gott: ›Bitte offenbare mir die persönlichen und privaten Sünden des Herrn Bischofs!‹ Wenn es wirklich Gott ist, der Ihnen erscheint, wird er Ihnen meine Sünden offenbaren. Dann kommen Sie wieder und erzählen mir alles – aber sonst niemandem! In Ordnung?«

»Ich werde alles so machen, Exzellenz.«

Einen Monat später bat die Frau erneut um einen Termin beim Bischof. Er fragte sie: »Und, ist Gott Ihnen wieder erschienen?«

»Ich glaube schon, Exzellenz.«

»Und haben Sie ihm die Frage gestellt, so wie ich es Ihnen gesagt habe?«

»Gewiß, Exzellenz.«

»Und was hat Gott gesagt?«

»Gott sagte mir: ›Geh zum Bischof und teile ihm mit, daß ich alle seine Sünden vergessen habe!‹«

Wie finden Sie das? Es gibt kein Buch, in dem die Sünden vermerkt werden. Und wissen Sie was? Gott führt kein Sündenregister, keine Listen. Er sieht uns in diesem jetzigen Augenblick und umfängt uns mit einer bedingungslosen Liebe.

Stille, die zu Gott führt

Diese Besinnungen wollen eine Hilfe sein, einen Weg zeigen, auf dem wir heute Gott finden können. Ich werde über Themen wie Meditation und Gebet und andere, eng mit dem Gebet zusammenhängende Themen sprechen, wie Liebe, Freude, Frieden, das Leben, Freiheit und Stille.

Ich möchte mit der Stille beginnen und sage Ihnen auch gleich weshalb: Jeder Weg zu Gott muß auch ein Weg zur Stille sein. Wenn Sie eines Tages mit Gott vereint sein wollen, müssen Sie mit der Stille beginnen.

Was ist Stille?

Ein großer König im Morgenland besuchte seinen Meister und sagte ihm: »Ich bin ein äußerst beschäftigter Mann, kannst du mir sagen, was ich tun muß, um mit Gott vereint zu sein? Aber antworte mir in nur einem Satz!«

Darauf entgegnete der Meister: »Ich werde dir sogar nur mit einem einzigen Wort antworten!«

»Und wie lautet dieses Wort?«, fragte der König.

Der Meister sagte: »Stille!«

»Und wie kann ich Stille finden?«, hakte der König nach.

»Meditation!« gab der Meister zurück. Meditation bedeutet im Verständnis des Ostens, nicht zu denken, jenseits allen Denkens.

Darauf fragte der König: »Und was ist Meditation?«

Der Meister antwortete: »Stille!«

»Wie werde ich sie entdecken?«

»Stille.«

»Wie werde ich die Stille entdecken?«

»Meditation!«

»Was ist denn nun Meditation?«

»Stille!«

Stille bedeutet, Worte und Gedanken hinter sich zu lassen. Was ist falsch an Wörtern und Gedanken? Sie schränken ein.

Gott ist nicht so, wie wir sagen, daß er sei; nichts von alldem, was wir uns vorstellen oder in Gedanken fassen. Das ist das Verkehrte an Worten und Gedanken. Die meisten Leute sind in den Bildern verfangen, die sie sich von Gott gemacht haben. Das ist das größte Hindernis auf dem Weg zu Gott. Möchten Sie eine Kostprobe der Stille, von der ich spreche?

Der erste Schritt ist Verstehen. Was verstehen? Verstehen, daß Gott nichts mit der Vorstellung zu tun hat, die Sie von ihm haben.

In Indien gibt es viele Rosen. Nehmen wir einmal an, ich hätte noch nie in meinem Leben den Duft einer Rose gerochen, und ich frage, wie denn der Duft einer Rose sei. Könnten Sie ihn mir beschreiben?

Wenn Sie schon eine so einfache Sache wie den Duft einer Rose nicht beschreiben können, wie sollte dann jemand eine Gotteserfahrung beschreiben? Alle Wörter werden unzutreffend sein. Gott ist mehr, als man in Worten ausdrücken kann. Das ist das Mangelhafte an Wörtern. Es gibt einen bedeutenden Mystiker, der ein Buch mit dem Titel »Die Wolke des Nichtwissens« geschrieben hat, es ist ein großes christliches Buch. Darin schreibt er: »Sie möchten Gott kennen?« Es gibt nur einen Weg, ihn kennenzulernen: durch Nichtwissen! Sie müssen Ihren Verstand und Ihre Gedanken hinter sich lassen; erst dann werden Sie ihn mit dem Herzen verstehen. Der heilige Thomas von Aquin sagt: »Bei Gott können wir nicht wissen, was er ist, sondern höchstens, was er nicht ist.« Ebenso sagt die Kirche: »Jedes Bild, das wir uns von Gott machen, ist ihm eher fremd als ähnlich.«

Wenn das stimmt, was ist dann aber mit der Bibel? Nun, sie gibt uns weder ein Porträt Gottes noch eine Beschreibung; vielmehr gibt sie uns Hinweise. Denn Worte können uns kein Porträt Gottes zeichnen.

Nehmen wir einmal an, ich bin in meiner Heimat Indien und gehe in Richtung Bombay. Dabei komme ich an ein Schild, auf dem »Bombay« steht. Ich sage mir: »Sieh mal an, hier ist also Bombay!« Also schaue ich mir das Schild an, drehe mich um und gehe wieder zurück.

Nach meiner Rückkehr werde ich gefragt: » Warst du in Bombay?«

»Ja, genau dort war ich.«

»Und wie sieht es dort aus?«

»Wißt ihr, dort sieht es so aus: Da steht ein gelbes Schild, auf dem steht ein Buchstabe, der wie ein B aussieht, der nächste wie ein O usw.« Da haben wir es! Dieses Schild ist eben nicht Bombay. Es ähnelt nicht einmal Bombay, und noch weniger gibt es ein Bild von Bombay. Es ist ein Zeichen. So ist es auch mit der Bibel: sie ist ein Fingerzeig, ein Hinweis, und keine Beschreibung.

»Wenn der Weise auf den Mond zeigt, sieht der Tor nur den Finger.« Stellen Sie sich vor, ich zeigte auf den Mond und sagte: »Mond«. Dann kommen Sie daher und sagen: »Das ist der Mond?« und schauen auf den Zeigefinger. Darin liegt die Gefahr und die Tragik der Wörter. Wörter sind schön. »Vater«, zum Beispiel, ist ein schönes Wort, um auf Gott hinzuweisen. Die Kirche spricht von einem Mysterium, Gott ist ein Mysterium. Wenn Sie das Wort »Vater« wörtlich nehmen, kommen Sie jedoch in die Klemme, denn bald wird man Sie fragen: »Was ist denn das für ein Vater, der so viel Leid zuläßt?« Gott ist ein unerklärbares Geheimnis! Unbekannt, unbegreiflich, jenseits dessen, was man verstehen und in Worte fassen kann!

Stellen Sie sich einen Mann vor, der von Geburt an blind ist und fragt: »Was ist das, was man Grün nennt und wovon alle Welt spricht?« Wie würden Sie ihm die Farbe Grün beschreiben? Es ist unmöglich! Er wird fragen: »Ist Grün warm oder kalt? Groß oder klein? Hart oder weich?« Grün ist nichts davon. Die Fragen dieses guten Mannes kommen aus seinen eingeschränkten Erfahrungen. Aber nehmen wir einmal an, ich sei ein Musiker und sagte: »Ich will Ihnen sagen, wie die Farbe grün ist: sie ist wie sanfte Musik.«

Und eines Tages erlangt er das Augenlicht, und ich frage ihn:

»Haben Sie das Grün gesehen?«, und er antwortet »Nein«.

Wissen Sie warum? Weil er die Musik gesucht hat! Er war so auf die Vorstellung von Musik fixiert, daß er das Grün nicht erkennen konnte, selbst als er es sah.

Im Orient gibt es eine andere nette Geschichte, die von einem Fischlein handelt, das im großen Ozean schwimmt. Jemand sagt zum Fischlein: »Oh, wie riesengroß ist doch der Ozean. Unermeßlich, wunderbar!«

Und das Fischlein schwimmt hin und her und fragt: »Wo ist denn der Ozean? Kannst du mir sagen, wo ich ihn finde?«

»Du bist mitten drin.«

Was meint der kleine Fisch denn, was Wasser ist!

Er kann den Ozean nicht erkennen. Er ist an das Wort gefesselt. Könnte es mit uns nicht genauso sein? Könnte es sein, daß uns Gott ins Gesicht sieht, und wir, auf Begriffe und Vorstellungen fixiert, erkennen ihn nicht? Das wäre tragisch!

Stille ist der erste Schritt, um zu Gott zu gelangen und um zu verstehen, daß alle Begriffe und Vorstellungen von Gott unzutreffend sind. Die meisten Leute sind nur nicht dazu bereit, dies einzusehen, und das verhindert oft das Gebet.

Um zur Stille zu gelangen, ist es notwendig, sich seiner fünf Sinne bewußt zu werden, indem man sie benutzt. Das mag vielen von Ihnen absurd erscheinen, ja unglaublich, aber alles, was Sie tun müssen, ist: sehen, hören, fühlen, riechen, schmecken.

Im Orient sagen wir: »Gott erschuf die Welt. Gott tanzt in der Welt«. Können Sie sich einen Tanz vorstellen, ohne den Tänzer zu sehen? Gehört das nicht zusammen? Nein. Es sind zwei verschiedene Dinge, und Gott ist für die Schöpfung das, was die Stimme des Sängers für das Lied ist. Angenommen, ich singe ein Lied. Dabei hätten Sie also einmal meine Stimme, und zum zweiten das Lied. Stimme und Lied sind sehr eng miteinander verbunden, sind aber nicht ein und dasselbe. Doch bedenken Sie: Ist es nicht seltsam, daß wir das Lied hören und nicht die Stimme? Daß wir den Tanz sehen und nicht den Tänzer?

Soll damit gesagt sein, es genüge schon zu schauen, um die Gnade zu erhalten, Gott zu sehen und zu erkennen? Nein. Sie *können* lediglich die Gnade erhalten, zu sehen und zu erkennen, was eine besondere Art des Schauens erfordert.

Der Fuchs sagt dem kleinen Prinzen etwas Wunderschönes: »Man sieht nur mit dem Herzen gut. Das Wesentliche ist für die Augen unsichtbar.« Deshalb muß man mit dem Herzen hören und mit dem Herzen sehen.

In einer japanischen Erzählung sagt ein Schüler zum Meister: »Du verbirgst vor mir das letzte Geheimnis der Kontemplation.«

Der Meister erwidert: »Nein, das tue ich nicht«,

»Doch«, beharrt der Schüler.

Eines Tages gehen die beiden im Wald spazieren, und in den Bäumen zwitschern die Vögel. Der Meister fragt seinen Schüler: »Hörst du, wie die Vögel singen?«

»Ja«, erwidert der Schüler.

»Also weißt du jetzt, daß ich nichts vor dir verberge.«

Der Schüler nickt.

Wissen Sie, was passiert war? Er hatte mit dem Herzen gehört, mit dem Herzen gelauscht. Dies ist eine Gnade, die uns gewährt werden kann, wenn wir schauen.

Stellen Sie sich vor, ich betrachte einen Sonnenuntergang,

und es kommt ein Bauer vorbei und fragt: »Was machen Sie denn da? Sie sind ja ganz weggetreten!«

Ich antworte: »Ich bin ganz bezaubert von so viel Schönheit!«

Und der gute Mann kommt nun jeden Abend und sucht die Schönheit, fragt sich, wo sie steckt. Er sieht die Sonne am Horizont, die Wolken, die Bäume. Doch wo ist die Schönheit? Er versteht nicht, daß Schönheit keine Sache ist. Schönheit ist eine Art, die Dinge zu sehen. Betrachten Sie die Schöpfung! Ich hoffe, daß Ihnen eines Tages die Gabe zuteil werden wird, mit dem Herzen zu sehen. Und daß Sie beim Betrachten der Schöpfung nichts Sensationelles erwarten.

Nur schauen! Beobachten Sie; aber nicht Ihre Vorstellungen. Betrachten Sie die Schöpfung. Ich hoffe sehr, daß Ihnen diese Gabe zuteil wird, denn Sie werden beim Schauen einen Zustand der Ruhe erfahren, und die Stille wird von Ihnen Besitz ergreifen. Dann werden Sie sehen können. Genau davon spricht so wunderbar das Johannesevangelium, in dem es am Anfang des ersten Kapitels heißt: »Alles ist durch das Wort geworden, und ohne das Wort wurde nichts, was geworden ist.« Und bald darauf dieser schöne Satz: »Er war in der Welt, und die Welt ist durch ihn geworden, aber die Welt erkannte ihn nicht.« Wenn Sie zu schauen vermögen, werden Sie ihn vielleicht erkennen. Schauen Sie auf den Tanz, und hoffentlich werden Sie den Tänzer sehen.

Es gibt noch einen anderen Weg, den ich Ihnen empfehlen möchte: die Heilige Schrift. Die Bibel ist ein Hinweis, der Finger, der auf den Mond zeigt. Halten wir uns an ihre Worte, um sie hinter uns zu lassen und zur Stille zu gelangen. Wie? Nehmen Sie diesen Abschnitt aus dem Neuen Testament: »Am letzten Tag des Festes, dem großen Tag, stellte sich Jesus hin und rief: ›Wer Durst hat, komme zu mir und trinke‹« (Joh 7,37). Wiederholen Sie diesen Satz immer wieder, bis Ihr Herz davon erfüllt ist. Sie brauchen dabei nicht über die Bedeutung der Worte nachzudenken, denn Ihr Herz kennt ihren Sinn. Und wenn Sie an diesen Punkt des Erfülltseins gekommen sind, werden Sie auf die Worte reagieren. Auf welche Weise? Die einen könnten zum Beispiel sagen: »Wirklich alle und jeder? Meinst du im Ernst, mein Gott, absolut jeder soll kommen? Ob Dieb oder Bettler? Gut, da bin ich also, gib mir zu trinken!« Andere könnten reagieren, indem sie sagen: »Das glaube ich nicht. Von was für einem Getränk sprichst du eigentlich? Ich bin schon so oft zu dir gekommen, doch noch nie hast du mir etwas zu trinken gegeben!« Da ist jemand frustriert, zornig, und es ist absolut verständlich, daß er so mit Gott spricht. Es ist ein großes Gebet, denn es drückt das ehrlich aus, was sein Herz bewegt. Ebensogut könnte jemand auch sagen: »Ich weiß genau, was du mir sagst, Herr, denn du hast mir schon zu trinken gegeben! Hier bin ich wieder, und ich habe Durst.«

Das ist eine Möglichkeit, der Aufforderung der Bibel zu entsprechen. Doch kann es auch eine Zeit geben, in der Sie nicht mehr mit Worten reagieren können. Wenn Ihr Herz von Gefühlen überquillt, die so tief und reich sind, daß keine Worte der Welt sie je ausdrücken könnten, ist das Einzige, was Sie tun können, nichts zu tun, tatenlos sich der Stille hinzugeben. Auf diese Worte Gott antworten, jenseits aller Worte, die Sie benutzen könnten. Verharren Sie in dieser Stille, solange Sie nicht abegelenkt werden. Wollen Ihre Gedanken weiterwandern, greifen Sie wieder zur Bibel und lesen Sie, bis ein anderer Satz Sie ergreift.

Auf diese Weise kann man Worte aus der Heiligen Schrift verwenden, um sie dann zurückzulassen und zur Stille zu gelangen. Lesen, vorlesen, Antworten geben. Nach und nach wird daraufhin Stille einkehren. Und in der Stille werden Sie Gott finden.

Darüber hinaus gibt es noch einen Weg, sich die Bibel zu Nutze zu machen. Sie verharren in Stille, schauen und hören. So werden Sie zur Stille finden. Und wenn Sie eine tiefe Ruhe erfaßt hat, denken Sie an einen Satz aus der Bibel.

Wissen Sie, was dann geschehen wird? Die Worte der Heiligen Schrift werden Ihnen wie in Ihr Herz geschrieben vorkommen. Sie werden eine so starke Bedeutung erhalten, daß sie die Stille vertiefen. Diese Worte besitzen eine Aussagekraft, die jenseits rationaler Vorstellungen liegt. Könnten diese Wörter Ihre Stille stören? Nein – sie sind eher wie der Frieden und die Ruhe eines Spätnachmittags, an dem Sie den Gesang eines Vogels oder den fernen Klang der Kirchturmglocken hören, und all dies Ihre Stille nur umso tiefer werden läßt. Das wird geschehen, wenn Sie in Stille verharren, und Ihnen jemand ein Wort aus der Bibel vorliest oder Ihnen selbst eines in den Sinn kommt.

Bedenken Sie diese Worte Jesu:

»Komm und folge mir nach!«

»Alles kann, wer glaubt. Glaubst du, daß ich das kann?«

»Frieden!«

»Fürchtet euch nicht, ich bin es!«

»Liebst du mich?«

Stellen Sie sich vor, Jesus selbst wäre bei uns, stünde hier vor Ihnen, und würde diese Worte an Sie richten. Sie müssen der Versuchung widerstehen zu antworten. Sagen Sie nichts, antworten Sie nicht. Lassen Sie die Worte in Ihrem Herzen nachklingen, lassen Sie sie Ihr ganzes Wesen durchdringen. Und wenn Sie gar nicht mehr anders können, reagieren Sie, geben Sie Ihre Antwort. Sehr wahrscheinlich werden Sie die Stille finden, lange bevor Sie die Antwort geben. Das ist eine sehr einfache und wirkungsvolle Methode, zur Stille zu gelangen. Machen Sie von ihr Gebrauch.

Stellen Sie sich wieder vor, Jesus steht vor Ihnen und spricht so liebevoll wie im Evangelium zu Ihnen. Antworten Sie so lange nicht, bis Sie nicht mehr anders können, erst dann sprechen Sie mit ihm.

Ich möchte Ihnen nun eine Geschichte erzählen. Sie ist eine schöne Zusammenfassung der Spiritualität des Sehens und Hörens. Habe ich Ihnen schon einmal gesagt, daß eine Geschichte die kürzeste Entfernung zwischen einem Menschen und der Wahrheit ist?

»Es gab einmal einen Tempel. Der Tempel stand auf einer Insel, zwei oder drei Kilometer vom Festland entfernt. Er hatte tausend Glocken aus feinstem Silber, große und kleine; Glocken, gegossen von den besten Glockengießern der ganzen Welt. Und immer, wenn der Wind wehte oder ein Sturm tobte, begannen die Glocken zu läuten. Es hieß, wer diese Glocken hörte, werde erleuchtet und würde Gott erfahren. Jahrhunderte verstrichen, und die Insel versank in den Fluten. Die Insel – und mit ihr der Tempel und die Glocken. Doch die Überlieferung blieb bestehen, daß ab und zu die Glocken läuteten, und wer die Gabe hätte, sie zu hören, würde Gott ein Stück näher kommen.

Von dieser Geschichte angezogen, machte sich ein junger Mann von weit her auf den Weg, bis er zu der Stelle kam, von der man sagte, dort habe einst der Tempel gestanden. Er setzte sich in das erste Fleckchen Schatten, das er fand, und lauschte angestrengt, um den Klang dieser Glocken zu hören.

So groß sein Wille auch war – alles, was er hörte, war das Rauschen der Wellen, die sich am Strand brachen oder gegen die Felsen donnerten. Das ärgerte ihn, denn er wollte das Rauschen nicht haben, um den Klang der Glocken zu hören. So harrte er eine Woche aus, vier Wochen, acht Wochen... bis schließlich drei Monate vergangen waren. Als er entmutigt aufgeben wollte, hörte er, wie die Alten im Dorf des

Nachts von der Überlieferung erzählten und von denen, denen die Gabe zuteil geworden war. Darauf geriet er in große Erregung. Doch er wußte, daß alle Begeisterung den Klang der Glocken nicht ersetzen konnte. Nachdem er es sechs oder acht Monate lang versucht hatte, beschloß er aufzugeben. Vielleicht war es ja doch nur eine Sage, vielleicht war diese Gabe einfach nicht für ihn bestimmt. So verabschiedete er sich von den Leuten, bei denen er gewohnt hatte und ging zu seinem Platz am Strand zurück, um sich von dem Baum zu verabschieden, der ihm Schatten gespendet hatte, vom Meer und vom Himmel. Dort begann er auf einmal, dem Rauschen der Wellen zu lauschen und entdeckte dabei zum ersten Mal, daß es ein schönes Rauschen war, angenehm und beruhigend. Und dieser Klang führte ihn zur *Stille*. Während die Stille tiefer und tiefer wurde, geschah etwas. Er vernahm das Klingeln eines kleinen Glöckchens. Er erschrak und dachte: »Das kann nur ich selbst sein. Das bilde ich mir ein!« Und wiederum lauschte er dem Rauschen des Meeres, verlor sich darin, verharrte in Stille. Die Stille wurde tiefer, und wiederum vernahm er das Klingeln eines Glöckchens, gefolgt vom Läuten einer Glocke, und noch einer und noch einer... Und bald vereinte sich der Klang aller tausend Tempelglocken zu einer himmlischen Sinfonie. Er geriet außer sich vor Freude und Staunen und erhielt die Gnade, mit Gott vereint zu sein.»

Wenn Sie den Klang einer Glocke hören möchten, lauschen Sie dem Rauschen des Meeres. Wenn Sie den Tänzer sehen möchten, betrachten Sie den Tanz. Wenn Sie die Stimme eines Sängers hören möchten, lauschen Sie dem Lied. Sehen Sie, hören Sie, haben Sie die Hoffnung, daß es Ihnen eines Tages gegeben sein wird, in Ihrem tiefsten Inneren sehen und erkennen zu können...

Der Friede

Es waren einmal zwei Mönche, die schon vierzig Jahre lang zusammenlebten und noch nie miteinander gestritten hatten. Auch nicht ein einziges Mal hatte es nur den kleinsten Zank gegeben. Eines Tages sagte der eine Mönch zum anderen: »Meinst du nicht auch, es wird Zeit, daß wir wenigstens einmal miteinander streiten?«

Darauf erwiderte der andere: »Mir soll's recht sein, also los! Worüber sollen wir denn streiten?«

»Was hältst du von dem Brot hier?«

»Ich habe nichts dagegen, streiten wir uns also um dieses Brot. Und wie?«

»Dieses Brot ist meines, es gehört mir«, stellte der eine Mönch kategorisch fest.

Worauf der andere sagte: »Wenn das so ist, behalte es.«

Frieden wird nicht zwangsläufig durch Zank oder Streit zerstört. Was den Frieden zerstört, ist das Ich. Dies oder das gehört mir, und ich werde es mit niemandem teilen. Sobald Sie sich diese Einstellung des Festhaltens und des Egoismus zu eigen machen, bleibt Ihr Herz auf der Strecke und verhärtet. Das ist der große Feind des Friedens: ein Herz, das klammert, das verhärtet und egoistisch ist.

Stellen Sie sich einmal ein Land vor, in dem wenigen Leuten viel Land und viel Geld gehören, und diese Leute sagen: »Wir werden unseren Reichtum mit niemandem teilen.« Stellen Sie sich vor, die Vereinten Nationen würden solch eine Haltung vertreten: »Uns interessiert nur unser eigenes Wohl, die anderen kümmern uns nicht!«

Wie sollte dabei der Frieden in der Welt gesichert werden? Verhärtete Herzen, verhärtete Menschen, verhärtete Nationen. Doch bevor wir von Ländern sprechen, sprechen wir von uns selbst, von Ihnen und von mir.

Schauen Sie doch einmal in Ihr eigenes Herz. Sie werden vielleicht sagen: »In meinem Leben gibt es so viel Zank und Streit!« Aber es gibt keinen Groll, keine Bitterkeit und keinen Haß. »In meinem Leben gibt es so viel Schmerz und Leid!« Und ich sage weiter: »Aber es gibt keine Gewissenskonflikte.« Mein Leben ist voller Tatendrang und Aktivität. »Aber es ist nicht aus dem Gleichgewicht gebracht oder voller Nervosität und Anspannung.«

Können Sie das von sich sagen? Wenn ja, dann sind Sie ein Friedensstifter, wo immer Sie auch sein mögen. Denn der ganze Sinn und Zweck des Betens ist, überall Frieden zu verbreiten.

Wie stellt man das an? Wollen wir es hier versuchen? Versuchen wir es jetzt?

Also, schließen Sie die Augen. Wir wollen eine ganz einfache Übung machen, die nicht länger als ein bis zwei Minuten dauert. Schließen Sie die Augen und nehmen Sie mit Ihrem Körper Kontakt auf. Spüren Sie, wie Ihre Kleider auf Ihren Schultern liegen, wie Ihre Kleider sich an Ihren Rücken schmiegen... Die Hände. Spüren Sie Ihre Hände, wie sie sich berühren oder ruhig in Ihrem Schoß liegen. Spüren Sie, wie das Gewicht Ihres Körpers Ihr Gesäß auf den Stuhl drückt... Die Füße, wie Ihre Schuhe sie umgeben oder wie sie auf dem Boden stehen. Noch einmal: die Schultern, der Rücken, die rechte Hand, die linke Hand, das Gesäß, die Füße. Jetzt öffnen Sie langsam die Augen und beenden die Übung.

Was ist bei dieser Übung geschehen? Fühlen Sie sich verkrampft oder entspannt? Die meisten fühlen sich nach dieser Übung entspannt, einige wenige noch verkrampfter als vorher. Wenn Ihnen das passiert, schlage ich Ihnen vor, sich dieser Verkrampfung bewußt zu werden. In welchem Teil Ihres Körpers spüren Sie die Anspannung? Fühlen und erspüren Sie die Verkrampfung, so gut es geht. Es wird nicht lange dauern, und Sie werden ein Gefühl der Entspannung erfahren.

Wenn Sie diese Übung etwas länger, fünf oder zehn Minuten lang, machen, kann es auch sein, daß Sie vor lauter Entspannung einschlafen.

Bringt diese Entspannungsübung nun den Frieden, um den es in diesem Abschnitt geht? Es handelt sich hierbei um gar keine Entspannungsübung, sondern um eine Aufmerksamkeitsübung. – Gut! Aber bringt sie den Frieden? Ja, das tut sie, wenn es Ihnen auch schwerfallen mag, das zu glauben. Wissen Sie, was passiert, wenn Sie diese Übung machen? Es ist, als gingen Sie in sich selbst, so als fühlten Sie alle möglichen Dinge, probierten etwas aus, sähen überraschende Dinge.

Eines Tages war Gott der Menschen überdrüssig. Ständig plagten sie ihn, wollten alles mögliche von ihm.

Also sprach Gott: »Ich werde weggehen und mich eine Weile verstecken.«

Er versammelte alle seine Ratgaber um sich und fragte: »Wo soll ich mich verstecken?«

Einige rieten: »Verstecke dich auf dem höchsten Berggipfel der Welt.«

Andere hingegen: »Nein, verbirg dich lieber am tiefsten Meeresgrund, dort werden sie dich nie suchen.«

Wieder andere empfahlen: »Verstecke dich auf der dunklen Seite des Mondes, das ist das sicherste Versteck. Wer sollte dich dort finden?«

Schließlich wandte sich Gott an seinen klügsten und intelligentesten Engel: »Was rätst du mir, wo soll ich mich verstecken?«

Und der kluge und intelligente Engel erwiderte lächelnd: »Verstecke dich im menschlichen Herzen! Das ist der einzige Ort, auf den sie niemals kommen!«

Eine schöne hinduistische Geschichte! Was sie sagen will,

ist sehr aktuell. Erinnern Sie sich an die einfache Aufmerksamkeitsübung, die ich Ihnen vorschlug? Sie führt Sie zu Ihrem Herzen. Sie bringt Sie nach Hause. Das bedeutet es, zum Herzen zurückzukehren. Sie kehren heim, kehren zu sich selbst zurück, und zwar auf ganz einfache Weise. Sie brauchen dazu nur Kontakt zu Ihrem Körper aufzunehmen. Doch Sie müssen das selbst tun. Wenn Sie es regelmäßig tun, werden Sie bald die vielen geheimnisvollen Dinge entdecken, die Frieden und Freude bringen; Ihr Herz wird voll Frieden sein, und alle Ängste werden verschwinden. Aber dafür brauchen Sie Zeit. Um Frieden zu finden, gibt es kein Sofortrezept. Man muß ihn mit Ruhe suchen.

Sie können jetzt einwenden, daß Ihnen genau das fehlt: Zeit. Doch wenn man will, findet sich immer ein bißchen Zeit. Zum Beispiel beim Autofahren: Spüren Sie das Lenkrad in Ihren Händen, spüren Sie den Sitz, spüren Sie Ihre Füße in den Schuhen, nehmen Sie Kontakt zu Ihrem Körper auf. Schließen Sie aber nicht die Augen! Spüren Sie die Bewegungen Ihres Körpers beim Fahren. Es wird Sie beruhigen, und ich hoffe, Sie entdecken irgendetwas, was diese Übungen Ihnen bringen.

Sie werden motiviert genug sein, um die Übung auszuprobieren, um wirklich zu fühlen und Kontakt zu Ihren Körperempfindungen aufzunehmen: Beginnen Sie mit dem Kopf, machen Sie sich die Empfindungen Ihrer Körperteile bewußt. Gesicht, Hals, Rücken, Brust, von einem Körperteil zum anderen, bis hinab zu den Zehenspitzen. Danach beginnen Sie wieder von vorn, vom Kopf abwärts. So geht das.

Ich will Ihnen einige Wirkungen dieser Übungen nennen, obwohl man sie fast nie im einzelnen aufzählen kann. »Mach es selbst, und du wirst sehen!«, sagt man im Osten. Doch was soll mit einem geschehen, wenn man diese Übung macht? Als erstes: man wird lebendig, kommt in Berührung mit der Gegenwart. Darin liegt etwas Außergewöhnliches.

Wirklich in der Gegenwart zu sein! Kennen Sie das Problem, sich nicht daran erinnern zu können, wo man etwas hingelegt hat? Kennen Sie das ständige Angespanntsein bis an den Rand der Erschöpfung? Kennen Sie den Zustand, sich kaum noch konzentrieren, sich an nichts mehr erinnern zu können? Dies alles sind Symptome dafür, daß Sie die Gegenwart erfahren müssen.

Ein berühmter Guru sagte einmal einer Gruppe von Managern: »Wie der Fisch auf dem Trockenen stirbt, so werden Sie sterben, wenn Sie im Irdischen verstrickt bleiben. Der Fisch muß wieder ins Wasser, dort kann er leben. Sie müssen in Ihr eigenes Herz zurück!«

Darauf erwiderten die Manager: »Wollen Sie damit sagen, wir sollen Geschäfte Geschäfte sein lassen und in ein Kloster gehen?«

»Nein, nein«, gab der Guru zurück, »ich sagte nicht, ins Kloster eintreten – gehen Sie ruhig weiter Ihren Geschäften nach, nur kehren Sie in Ihr Herz zurück.«

Verstehen Sie? In sein Herz zurückkehren heißt nicht, sich auf irgenwelche mystischen Träumereien einzulassen. Es heißt vielmehr: Kehren Sie heim zu sich selbst, in die Gegenwart. Von da an werden Sie leben.

Und noch etwas anderes ermöglichen diese Übungen: sie helfen, innezuhalten und Ruhe zu erfahren. Schnelligkeit ist eine wunderbare Sache, im Prinzip ist nichts gegen sie einzuwenden. Doch wenn Schnelligkeit zur Hast wird, ist sie Gift.

Die Japaner kennen ein Sprichwort, das wir uns zu Herzen nehmen sollten: »An dem Tag, an dem du zu reisen aufhörst, wirst du angekommen sein.« Ich würde sagen: »An dem Tag, an dem du zu rennen aufhörst, wirst du angekommen sein.«

Das erinnert mich an einen Vater, der mit seinen Kindern ein Museum besuchte und sagte: »Macht schon, macht schon! Wenn Ihr ständig stehen bleibt, um jede Kleinigkeit anzuschauen, seht ihr nichts!«

Das ist das Schreckliche im Leben. So machen wir es nämlich alle. Wir verbringen das liebe, lange Leben damit, Zeit zu sparen, und verschwenden sie doch. Vielleicht verstehen Sie jetzt besser, was Jesus meinte, als er sagte: »Was nützt es einem Menschen, wenn er die ganze Welt gewinnt, dabei aber sein Leben einbüßt?« (Mt 16,26; Mk 8,36).

Dabei fällt mir die Geschichte von einem jungen Mann ein, der mit seiner Frau eine Autoreise unternahm. Er liebte es, schnell zu fahren. Nachdem sie eine Weile die Autobahn entlanggerast waren, nahm seine Frau die Straßenkarte und sagte: »Liebling, wir haben die falsche Auffahrt genommen!«

Darauf erwiderte der Mann stolz: »Macht nichts, dafür brechen wir gerade einen Rekord.«

Ein typisches Beispiel des schrecklichen modernen Lebens, das sicherlich für viele von uns gilt. Aber wissen Sie, was die Übung, die ich Ihnen vorschlug, mit Ihnen machen wird? Sie wird Ihr Tempo verlangsamen.

Wieviel Zeit brauchen Sie für den Weg zur Arbeit? Zwanzig Minuten? Nehmen Sie sich einundzwanzig Minuten Zeit. Mag sein, daß mich jetzt der eine oder andere für verrückt hält, aber brauchen Sie einundzwanzig! Wieviel Zeit brauchen Sie, um eine Tasse Kaffee zu trinken? Zehn Minuten? Trinken Sie sie in elf! Beglückwünschen Sie sich für die paar Sekunden, die Sie allem, was Sie tun, hinzufügen. Nach einer Woche werden Sie beginnen, mit der Gegenwart in Berührung zu kommen und in ihr zu leben.

Dritter Schritt: Ein Geschäftsmann aus Indien erzählte mir, er habe große Angst davor, zu meditieren, weil das seiner Aktivität und seinen Geschäften schaden könnte. Die Übungen, die ich Ihnen zeige, sind aber ausdrücklich für vielbeschäftigte, aktive Leute gedacht und nicht für irgendwelche Einsiedler, ganz im Gegenteil. Dieser Geschäftsmann sagte mir also, er fürchte sich vor dem Meditieren. Als er aber schließlich diese Übungen, die ich Ihnen hier empfehle, machte, steigerten sich seine Umsätze beträchtlich.

Wissen Sie weshalb? Weil er entspannter und konzentrierter handeln konnte und sich nur noch einer Sache auf einmal widmete. Das ist der große Vorteil beim Gebet: die Konzentration. Sie beginnen, nur noch eine Sache auf einmal zu tun und sind so im wahrsten Sinne des Wortes »präsent« – bei allem, was Sie tun.

Es ist leicht zu verstehen, warum die Geschäfte dieses Mannes so viel besser liefen, und weshalb seine Aktivitäten effizienter wurden.

Handelt es sich denn dabei wirklich um spirituelle Übungen? Ist das Meditation? Ganz bestimmt. Im Osten gibt es Millionen Menschen, die nur das machen, und nichts anderes, und so zu einer tieferen Spiritualität gelangen. Hierin liegt der Kernpunkt des Gebets: Gott und Spiritualität müssen im Leben entdeckt werden. Nirgendwo anders. Erinnern Sie sich noch daran, was ich über die Stille sagte? Dasselbe gilt auch hier.

Und wie verhält es sich mit dem Gebet? Es kommt darauf an, als was Sie es definieren. Wenn Sie unter Beten »mit Gott sprechen« verstehen, dann ist es allerdings kein Gebet, denn Sie sprechen nicht mit Gott, wenn Sie Ihre Aufmerksamkeit auf die Empfindungen Ihres Körpers richten, wie zum Beispiel auf die Bewegung Ihres Körpers beim Gehen. Wenn Sie aber unter Beten »mit Gott verbunden sein« verstehen, dann durchaus. Durch diese einfache Übung, die ich Ihnen gezeigt habe, finden Sie zum Gebet: wahrnehmen der Empfindungen Ihres Körpers.

Noch viele andere Vorteile wird Ihnen diese Übung bringen. Spirituellen Gewinn: die Fähigkeit, Dinge zu akzeptieren, zum Beispiel. Aber das werden Sie selbst entdecken.

Sollten Sie nicht die Geduld und die Ausdauer haben, mit dieser Übung alleine weiterzumachen, empfehle ich Ihnen zwei andere leichte geistliche Übungen. Die erste ist eine Übung der Akzeptanz: »Herr, erweise mir die Gnade und laß mich ändern, was geändert werden kann, laß mich akzeptieren, was nicht geändert werden kann, und gib mir die Weisheit, den Unterschied zwischen beiden zu erkennen.«

Es gibt so viele Dinge in unserem Leben, die nicht geändert werden können! Wir sind ihnen gegenüber machtlos. Doch wenn wir ja zu ihnen sagen können, kommen wir zum Frieden. Der Frieden liegt im Ja. Sie können weder die Zeit anhalten, weder den Tod eines geliebten Menschen ungeschehen machen, noch die Begrenztheit Ihres Körpers oder Ihre eigenen Unfähigkeiten überwinden.

Vergegenwärtigen Sie sich also die Dinge, die Sie nicht ändern können. Und sagen Sie ja zu ihnen. Auf diese Weise werden Sie mit Gott sprechen. Natürlich ist das schwierig. Erzwingen Sie nichts. Aber wenn Sie in Ihrem Herzen ja sagen können, sagen Sie ja zum Willen Gottes.

Wenn Sie an dieser Einstellung festhalten, werden Sie sogar in den Dingen Frieden finden, um die zu ändern Sie kämpfen.

Die zweite, ergänzende Übung betrifft das Loslassen: Denken Sie an Ihre Kindheit, als Sie sich so hartnäckig in etwas verbohrten, daß Sie nicht davon loskamen. Sie konnten nicht ohne es leben. Denken Sie an etwas, was Sie als Kind nicht leiden konnten oder gar haßten, oder an etwas, was Sie fürchteten. Viele dieser Ängste dauern bis heute. Was ist mit ihnen geschenen? Sie gingen vorüber, oder nicht?

Die Übung geht folgendermaßen: Machen Sie eine Liste der Dinge, von denen Sie abhängig sind, von denen Sie beherrscht werden, der Dinge, denen Sie nicht entsagen wollen. Und sagen Sie zu jedem einzelnen: »All das wird vorübergehen.« Legen Sie auch eine Liste der Dinge an, die Ihnen mißfallen, die Ihnen unerträglich sind, und sagen Sie zu jedem einzelnen: »Auch das wird vorbeigehen.«

Als Jesus zur Welt kam, sangen die Engel »Frieden auf Erden!«. Als er starb, hinterließ er uns ein Geschenk: seinen Frieden. »Meinen Frieden gebe ich euch!« Der Friede ist ein Geschenk, wir können ihn nicht schaffen und noch viel weniger herbeireden. Was wir können, ist, unsere Herzen bereithalten und ihn empfangen.

Erinnern Sie sich an den syrischen General, der zu einem Propheten in Israel ging, um sich von der Lepra heilen zu lassen, und der Prophet sagte: »Bade sieben Mal im Jordan«?

Den Mann erfaßte der Zorn: »Haben wir in unserem Land keine besseren Flüsse? Muß ich denn ausgerechnet in diesem Jordan baden? Ich dachte, dieser Prophet würde mir die Hand auflegen und mich heilen!«

Darauf sagte einer seiner Diener zum General: »Herr, wenn der Prophet Ihnen irgendetwas Schwieriges aufgetragen hätte, hätten Sie es getan! Doch er verlangt etwas Leichtes, etwas ganz Einfaches.«

Probieren Sie diese leichten, einfachen Übungen. Sie werden nicht glauben, welche Wirkungen sie auf Sie haben werden. Doch wenn Sie die Wirkungen ausprobieren, werden Sie nicht mehr glauben müssen.

Freude

Eines der meistzitierten Worte der christlichen Literatur ist dieser Satz des heiligen Augustinus aus seinen »Bekenntnissen«: »Unruhig ist unser Herz, bis es ruht in dir, mein Gott.«

Immer, wenn ich diesen Satz lese oder höre, fällt mir ein Ausspruch einer der größten mystischen Dichter Indiens, Kabir, ein. Von ihm stammt ein wunderschönes Gedicht, das mit den Worten beginnt: »Ich lachte, als man mir sagte, daß ein Fisch im Wasser Durst leidet.« Stellen Sie sich das bildlich vor: ein durstiger Fisch mitten im Wasser! Wie ist das möglich?

Wir Menschen sind umgeben von Gott und finden keine Ruhe. Schauen Sie die Schöpfung an: Bäume, Vögel, Gras, Tiere, den Himmel, das Meer... Wissen Sie was? Die ganze Schöpfung ist voll Freude! Die ganze Schöpfung ist glücklich! Ja, ich weiß, es gibt Leid, Schmerz, Wachstum, Verblühen, Alter und Tod. All dies ist Teil der Schöpfung, doch Sie sollten verstehen, was Glück wirklich bedeutet. Nur der Mensch hat Durst, nur das menschliche Herz ist voll Unruhe. Ist das nicht seltsam? Warum ist der Mensch unglücklich, und was läßt sich tun, um Unglücklichsein in Freude zu verwandeln? Weshalb sind die meisten Menschen niedergeschlagen und traurig? Weil sie verdrehte Ideen und falsche Vorstellungen von Freude und Glücklichsein haben.

Die erste falsche Vorstellung, mit der die meisten Menschen durchs Leben gehen, besteht darin, Freude mit Begeisterung, Nervenkitzel, Vergnügen und Unterhaltung gleichzusetzen. In diesem Glauben suchen sie also Betäubung und Rausch; sie mögen ihr Hochgefühl und ihren Nervenkitzel haben, sind dabei aber schon auf dem Weg zur nächsten Phase des Enttäuschtseins und der Niedergeschlagenheit.

Das einzige, woran wir uns berauschen können, ist das Leben. Es ist ein sanftes Rauschmittel, doch mit langanhaltender Wirkung. Dies ist also die erste falsche Vorstellung, von der wir uns befreien müssen. Freude und Glücklichsein bedeuten nicht Hochgefühl und Begeisterung, nicht unbedingt.

Die zweite falsche Vorstellung ist die, daß wir unserem Glück nachlaufen könnten, daß wir irgendetwas tun könnten, um es zu erreichen. Hier widerspreche ich mir beinahe selbst, denn gleich werde ich sagen, was wir tun können, um das Glück zu erreichen, wenn sich auch das Glück an sich nicht suchen läßt. Glück ist immer nur eine Konsequenz.

Die dritte und wohl entscheidende falsche Vorstellung vom Glück ist zu meinen, es lasse sich in äußeren Umständen, zum Beispiel in anderen Menschen, finden. »Sicherlich werde ich glücklich sein, wenn ich meinen Arbeitsplatz wechsle.« Oder: »Wer weiß, vielleicht wäre ich glücklich, wenn ich mir eine neue Wohnung suchte, eine andere Frau, einen anderen Mann heiratete?« usw. Glück hat aber wie gesagt mit Äußerlichkeiten nichts zu tun. Die meisten meinen tatsächlich, Geld, Macht und Ansehen könnte sie glücklich machen. Doch das ist nicht so. Arme Leute können sehr wohl glücklich sein.

Ich erinnere mich an die Geschichte eines Mannes, der von den Nationalsozialisten inhaftiert und immer wieder gefoltert wurde. Eines Tages wurde er in eine neue Zelle verlegt, die eine Dachluke hatte, durch die am Tage ein kleines Stückchen blauen Himmels und des Nachts ein paar Sterne zu sehen waren. Der Gefangene war darüber so entzückt, daß er einen langen Brief nach Hause schrieb, in dem er sein großes Glück schilderte. Nachdem ich davon gelesen hatte, richtete ich den Blick aus meinem Fenster. Vor mir breitete sich die Natur in ihrer ganzen Schönheit aus. Ich war frei, war nicht gefangen, konnte gehen, wohin auch immer ich wollte! Da glaubte ich, einen Bruchteil des Glücks und der Freude dieses Gefangenen zu empfinden.

Ich las auch einmal einen Roman über einen Strafgefangenen in einem sibirischen Konzentrationslager. Der arme Mann wurde um vier Uhr morgens geweckt und erhielt ein Stück Brot, als Ration für den ganzen Tag. So gerne er dieses Stück Brot auf einmal gegessen hätte, sagte er sich: »Besser, ich hebe mir einen Teil auf, vielleicht brauche ich es heute nacht, wenn ich vor Hunger nicht schlafen kann. Wenn ich dann etwas zu essen habe, werde ich vielleicht wieder einschlafen können.« Nach einem langen Tag harter Arbeit streckte er sich müde auf seinem Lager aus, zog die Decke über sich, die ihn kaum wärmte, und sprach zu sich: »Heute war ein guter Tag. Ich mußte nicht im eisigen Nordostwind arbeiten. Und wenn mich heute nacht der Hunger weckt, kann ich ein Stückchen Brot essen und weiterschlafen.« Können Sie sich die Freude und das Glück dieses Mannes vorstellen?

Ich kannte einmal eine gelähmte Frau, die von allen gefragt wurde: »Woher nehmen Sie nur diese Freude, die Sie immer ausstrahlen?«

Sie pflegte darauf zu antworten: »Ich habe alles, was ich zu meinem Glück brauche. Die schönsten Dinge im Leben kann ich tun.« Gelähmt ans Bett gefesselt und doch voller Freude. Eine außergewöhnliche Frau!

Freude findet man nicht in Äußerlichkeiten. Lösen Sie sich von dieser irrigen Ansicht, sonst finden Sie sie nie.

Und noch von etwas anderem müssen wir uns lösen, wenn wir Glück und Freude finden wollen. Wir müssen einige unserer üblichen Verhaltensweisen und Reaktionen ändern. Welche? Zuerst die des Kindes, das einzig und allein sich selbst sieht. Wir kennen das alle: »Wenn du nicht mit mir spielst, gehe ich nach Hause.«

Prüfen Sie sich einmal. Führen Sie sich die Dinge vor Augen, die Sie unglücklich machen und schauen Sie, ob Sie auf diesen Satz stoßen, den Sie sich fast unbewußt sagen: »Wenn ich dieses oder jenes nicht erreiche, weigere ich mich, glücklich zu sein.« »Wenn ich das nicht bekomme, oder jenes nicht geschieht, kann ich einfach nicht glücklich sein.«

Viele Menschen sind nicht glücklich, weil sie an ihr Glück Bedingungen knüpfen. Finden Sie heraus, ob sich diese Einstellung in Ihrem Herzen eingenistet hat, und werfen Sie sie hinaus.

Es gibt eine sehr schöne Geschichte von einem Mann, der Gott ständig mit allen möglichen Bitten in den Ohren lag. Eines Tages sah Gott diesen Mann an und sprach zu ihm: »Jetzt reicht's mir. Drei Bitten, und keine einzige mehr. Drei Wünsche werde ich dir erfüllen, und dann ist Schluß. Los, sage mir deine drei Wünsche!«

Der Mann war begeistert und sagte: »Ich darf mir wirklich alles wünschen, was ich will?«

Und Gott erwiderte: »Ja, drei Bitten, und keine einzige mehr.«

Also begann der Mann: »Herr, du weißt, daß es mir peinlich ist, aber ich würde gerne meine Frau loswerden, denn sie ist dumm und immer... Herr, du weißt schon. Es ist nicht mehr zu ertragen! Ich kann einfach nicht mehr mit ihr leben. Kannst du mich von ihr befreien?«

»In Ordnung«, sagte Gott, »dein Wunsch ist schon erfüllt.«

Und seine Frau starb. Bald aber befielen den Mann Schuldgefühle, daß er sich so erleichtert fühlte. Dennoch war er glücklich und erleichtert und dachte sich: »Ich werde eine schönere Frau heiraten.«

Als die Eltern und Freunde zum Begräbnis kamen und für die Verstorbene beteten, kam der Mann plötzlich zu sich und rief aus: »Mein Gott, was hatte ich für eine großartige Frau und wußte es nicht zu schätzen, als sie noch lebte.«

Daraufhin ging es ihm sehr schlecht. Wieder suchte er Gott auf und bat Ihn: »Herr, bringe sie wieder zum Leben!«

Gott erwiderte: »In Ordnung, dein zweiter Wunsch sei dir erfüllt!«

So blieb ihm nur noch ein Wunsch. Er dachte: »Was soll ich mir nur wünschen?« und holte sich bei seinen Freunden Rat.

Die einen meinten: »Wünsche dir Geld. Hast du Geld, kannst du dir alles kaufen, was du willst.«

Andere hingegen meinten: »Was nutzt dir alles Geld, wenn du nicht gesund bist?«

Wieder andere gaben zu bedenken: »Was nutzt dir alle Gesundheit, wenn du doch eines Tages stirbst? Wünsche dir Unsterblichkeit!«

So wußte der Arme bald noch weniger, was er wollte, denn schließlich sagte ihm jemand: »Was nützt dir Unsterblichkeit, wenn du niemanden hast, den du lieben kannst? Wünsche dir Liebe.«

Der Mann dachte nach und dachte nach... und konnte sich beim besten Willen nicht entscheiden. Er wußte einfach nicht, worum er bitten sollte. Es vergingen fünf Jahre, zehn Jahre, bis ihn eines Tages Gott erinnerte: »Wann sagst du mir eigentlich deinen dritten Wunsch?«

Der Ärmste sagte: »Herr, ich bin völlig durcheinander. Ich weiß überhaupt nicht, was ich mir wünschen soll! Kannst du mir nicht sagen, was ich mir wünschen soll?«

Da mußte Gott lachen und sprach: »Also gut, dann werde ich es dir sagen. Wünsche dir, glücklich zu sein, was dir auch immer geschehen mag. Darin liegt das Geheimnis!«

Eine andere falsche Verhaltensweise ist die des Anklammerns. Wenn Sie sich an negative Gefühle klammern, werden Sie nie glücklich. Ich will damit nicht sagen, daß Sie nicht auch einmal so etwas empfinden können, was man negative Gefühle nennt. Dafür sind Sie Menschen! Es wäre nicht normal, würden Sie sich nie in Bedrängnis oder niedergeschlagen fühlen, wenn Sie nie wegen irgendeines Verlustes traurig wären. Sie können durchaus negative Gefühle haben. Wissen Sie aber, was das Schlimme an ihnen ist? Wenn Sie sich an sie klammern.

Machen Sie doch einmal folgende Übung – sie ist vielleicht ein bißchen schwierig, aber sehr lohnend: Vergegenwärtigen Sie sich Ihr Leid, Ihre Eifersucht, Ihre Schuldgefühle, Ihre Abneigungen. Fragen Sie sich: »Was wäre, wenn ich dies alles einfach beiseite ließe?«

Im Zen-Buddhismus gibt es dafür eine tiefe spirituelle Übung, die Koan heißt. Es handelt sich hierbei um Fragen des Meisters, die den Schüler zur Meditation und damit zur Erleuchtung anregen sollen, auf die es aber keine der Vernunft zugänglichen Antworten gibt. So kann eine Frage zum Beispiel lauten: Wie ist der Klang von klatschenden Händen? Oder: Welche Form hatte Ihr Gesicht, bevor Sie zur Welt kamen?

Ich möchte Ihnen solch einen Koan als Übung vorschlagen. Fragen Sie sich: Was wäre, wenn ich mich von meinen negativen Gefühlen losmachen würde, meinen Schuldgefühlen, meinem Leid, meinen Abneigungen, meiner Eifersucht? Wissen Sie, was nun, durch dieses Koan, geschehen kann? Die Angst kann wie eine große Blase an die Oberfläche steigen. Hören Sie nicht auf, sich diese Frage zu stellen. Was wird geschehen? Sie können eine große Entdeckung machen.

Ich schlage vier einfache Übungen vor, die Ihnen dabei helfen können, Freude und Glück zu finden.

Die erste Übung werde ich nicht im einzelnen beschreiben. Sie werden sie in der folgenden Geschichte entdecken.

Es war einmal ein großer Zenmeister mit dem Namen Ryokan. Er lebte am Fuße eines Berges und führte ein sehr einfaches Leben. Eines Tages, als der Meister fortgegangen war, brach ein Räuber in seine kleine Hütte ein, doch er fand darin nichts, war er hätte stehlen können. Der Räuber wühlte und suchte noch in der Hütte, als der Meister zurückkam und den Einbrecher stellte.

Ryokan sagte: »Du hast einen weiten Weg gemacht, um mich zu überfallen. Du kannst unmöglich mit leeren Händen gehen.« Und er gab ihm alle seine Kleider und die Bettdecke obendrein. Verblüfft wie er war, nahm der Räuber die Sachen und verschwand. Daraufhin setzte sich der Meister vor die Tür seiner Hütte, schaute in die helle Mondnacht und dachte sich: »Der Arme! Ich wünschte, ich könnte ihm etwas von diesem zauberhaften Mondschein geben!«

Was für eine Art von Übung legt nun diese Geschichte nahe? Versuchen Sie, das einmal herauszufinden. Diese Übung und das Koan eignen sich ganz besonders für jemand, der auf lange Sicht Erfolge erzielen will. Sie möchten kurzfristig Erfolge? Dann probieren Sie es doch einmal mit diesen drei Übungen:

Erstens: Versuchen Sie sich zu sagen: »Was habe ich doch für ein Glück! Wie dankbar ich dafür bin!« Wissen Sie was? Es ist unmöglich, dankbar und zugleich unglücklich zu sein.

Ein Mann lief eines Tages zum Rabbi und rief:

»Rabbi, du mußt mir helfen! Mein Heim ist die Hölle! Wir leben in einem einzigen Raum – ich, meine Frau, meine Kinder und die Familie meiner Frau. Die wahre Hölle! Für alle ist einfach kein Platz!«

Darauf lächelte der Rabbi und sprach: »Gut, ich werde dir helfen, wenn du mir versprichst, alles zu tun, was ich von dir verlange.«

»Das verspreche ich, ich verspreche dir alles! Dies ist ein feierliches Versprechen!«

Also fragte ihn der Rabbi: »Wieviele Tiere hast du?«

»Eine Kuh, eine Ziege und sechs Hühner.«

»Sperre die Tiere zu euch in die Wohnung und komme in einer Woche wieder zu mir.«

Der Mann traute kaum seinen Ohren, doch versprochen war versprochen. Niedergeschlagen kehrte er nach Hause zurück und tat, was der Rabbi gesagt hatte: er sperrte auch noch die Tiere in die winzige Wohnung.

Eine Woche später kam er verzweifelt zum Rabbi und klagte: »Ich werde wahnsinnig! Ich bekomme noch einen Herzschlag! Es muß etwas geschehen ...«

Der Rabbi erwiderte ruhig: »Geh nach Hause zurück und laß die Tiere wieder in den Hof. Komm in einer Woche wieder.«

Der Mann lief so schnell er konnte nach Hause. Und als er nach einer Woche wiederkam, rief er mit leuchtenden Augen: »Die Wohnung ist ein Traum, so sauber! Das reinste Paradies!«

Verstehen Sie? »Ich beklagte mich ständig, daß ich keine Schuhe hatte, bis ich jemanden sah, der keine Füße hatte.«

Erinnern Sie sich an Helen Keller, diese außergewöhnliche Frau. Taub, stumm, blind, und dennoch voller Leben. Wenn Sie dankbar sein können, werden Sie das Geheimnis des Glücks finden. Probieren Sie es aus.

Versetzen Sie sich einmal in die Lage der gelähmten Frau, von der ich vorhin schon einmal sprach. Versetzen Sie sich an ihre Stelle! Sie können sich auch auf den Boden legen, um es besser nachfühlen zu können. Stellen Sie sich vor, Sie seien gelähmt, und sagen Sie:

»Die schönsten Dinge des Lebens kann ich tun! Ich habe die schönsten Dinge des Lebens.« Entdecken Sie, was die schönsten Dinge des Lebens sind. Und Sie werden Liebe, Geschmack, Duft, Licht und Klang entdecken. Lauschen Sie dem Gesang der Vögel, dem Wind in den Bäumen, den

Stimmen Ihrer Freunde, Sie werden ihre Gesichter sehen. Entdecken Sie all diese Dinge, und Sie werden das Geheimnis der Dankbarkeit kosten.

Es gibt noch eine andere Übung, die man machen kann. Sie ist sehr einfach: Denken Sie an den gestrigen Tag. Erinnern Sie sich daran, was an diesem Tag alles passiert ist, an ein Ereignis nach dem anderen, und seien Sie für jedes dankbar. Danken Sie. Sagen Sie: »Danke! Was für ein Glück ich doch hatte, daß ich das erleben durfte.«

Wahrscheinlich werden Sie sich auch an unerfreuliche Dinge erinnern. Dann machen Sie Schluß. Denken Sie: »Was mir da passiert ist, geschah zu meinem Besten.« Denken Sie so, sagen Sie danke, und machen Sie weiter.

Die letzte Übung, die ich Ihnen vorschlage, hat mit dem Glauben zu tun, während sich die beiden anderen um die Dankbarkeit drehten. Diese Übung geht also um den Glauben; den Glauben, daß alles von Gott gewollt und gegeben ist, er all dies zuläßt zum Wohl jedes einzelnen.

Ich nenne diese Übung »Segnen«. Denken Sie an vergangene Ereignisse, angenehme und weniger angenehme. Und sagen Sie: »Sie waren zu meinem Besten, sie waren gut!« Denken Sie an die Dinge, die Ihnen widerfuhren, und sagen Sie: »Es ist gut so, es ist gut so ...« Und beobachten Sie, was geschehen wird: Der Glaube verwandelt sich in Freude; der Glaube, daß alles in Gottes Händen liegt, und daß uns alles zum Glück gereicht.

Ich kenne eine Geschichte von einem Mann, der zu einem Mönch ging, als dieser in seinem Dorf halt machte. »Gib mir den Stein, den Edelstein!«

Der Mönch gab zurück: »Von was für einem Stein sprichst du überhaupt?«

»Heute nacht erschien mir Gott und sagte: ›Morgen um die Mittagszeit wird ein Mönch durchs Dorf kommen, und wenn er dir den Stein gibt, den er bei sich trägt, wirst du der reichste Mann des ganzen Landes.‹ Also, gib mir den Stein!«

Der Mönch kramte in seiner Tasche und zog daraus einen Diamanten hervor. Es war der größte Diamant der Welt, so groß wie der Kopf eines Menschen! Dann sagte er: »Ist das der Stein, den du meinst? Ich habe ihn im Wald gefunden. Hier hast du ihn!«

Der Mann nahm den Stein und lief nach Hause. Doch als die Nacht kam und er sich schlafen legte, brachte er kein Auge zu. Am nächsten Morgen, zu früher Stunde, ging er an den Ort zurück, an dem der Mönch friedlich unter einem Baum schlief. Er weckte ihn und sagte: »Da hast du deinen Stein wieder. Gib mir lieber den Reichtum, der es dir so leicht macht, den Reichtum wegzuwerfen.«

Genau das müssen wir entdecken, wenn wir Freude und Glück finden wollen.

Das Leben

Eines Tages saß Buddha im Kreise seiner Schüler, als ein alter Mann zu ihnen trat und sprach: »Wie alt möchtest du werden? Wünsche dir eine Million Jahre, und sie seien dir gewährt!«

Ohne zu zögern antwortete Buddha: »Acht Jahre.«

Als der Alte verschwunden war, erhoben seine Schüler enttäuscht Einspruch: »Meister, warum hast du dir nicht eine Million Jahre gewünscht? Stell dir vor, wieviel Gutes du noch hunderten von Generationen hättest tun können!«

Darauf erwiderte der alte Mann mit einem Lächeln: »Wenn ich eine Million Jahre leben würde, wären die Menschen mehr daran interessiert, ihre Leben zu verlängern, als nach Weisheit zu suchen.«

Verstehen Sie, was er damit sagen wollte? Daß die Menschen mehr daran interessiert wären, die Dauer ihres Lebens zu verlängern als dessen Qualität zu erhöhen. Wie wahr! Denn wie wenige verwenden ihre Zeit und Energie darauf, die Qualität ihres Daseins zu verbessern. Man kann sterben, ohne gelebt zu haben. Viele meinen zu leben, weil sie atmen, essen, reden, sich unterhalten und durch die Gegend laufen. Natürlich sind sie nicht tot. Doch leben sie? Sie leben weder, noch sind sie wirklich tot. Was heißt es, wirklich lebendig zu sein? Es bedeutet dreierlei: sein eigenes Selbst zu sein, im Jetzt zu sein und hier zu sein.

Lebendig sein heißt, man selbst zu sein. In dem Maße, wie Sie Sie selbst sind, leben Sie. Wir könnten fragen: »Bin ich denn nicht ich selbst? Wer wäre ich, wenn ich nicht ich selbst wäre?« Es ist gut möglich, daß Sie nicht Sie selbst sind, sondern eine Marionette.

Einmal angenommen, Sie hätten einen Hund, dem wir einen elektronischen Empfänger ins Gehirn einsetzen und dann auf die andere Seite der Welt schicken, nach China zum Beispiel. Dorthin senden wir ihm dann Befehle. Zum Beispiel »Steh!«, und der Hund steht auf. »Sitz!«, und der Hund setzt sich. »Platz!«, und der Hund legt sich hin. Alle würden sich wundern: »Was ist nur mit diesem Hund los?« Sie wissen, was los ist: er funktioniert per Fernsteuerung. Dieses Bild paßt gut auf Millionen von Menschen.

Viele kommen zu mir, um mich wegen spiritueller oder persönlicher Probleme um Rat zu fragen, und oft frage ich mich dann: »Auf welche Stimmen reagiern diese Leute? Auf welche Stimmen aus der Vergangenheit?« Dabei begegne ich erwartungsvollen Menschen, niedergeschlagenen Menschen, Menschen voller Vorurteile.

Albert Einstein sagte einmal, es sei einfacher, ein Atom zu spalten, als ein Vorurteil zu zerstören. Viele Menschen sind nicht sie selbst, sondern werden irgendwie kontrolliert. Was folgt daraus? Sie werden gleichsam zu Marionetten – verhalten sich, fühlen und handeln mechanisch. Sie haben keine lebendigen Gefühle und kein lebendiges Verhalten und wissen es nicht. Sie reagieren auf Stimmen aus der Vergangenheit, auf Erfahrungen, die sie gemacht haben. Bestimmte Erfahrungen, von denen sie beeinflußt wurden, die sie kontrollierten. Darum sind sie auch nicht frei, nicht lebendig. Hier liegt das größte Hindernis für ein spirituelles Leben.

»Wenn jemand zu mir kommt und nicht Vater und Mutter (...) und dazu auch sein eigenes Leben haßt, kann er nicht mein Jünger sein« (Lk 14,26). Die Leute waren über Jesus entsetzt. Was meinte er aber eigentlich? Sicherlich wollte Jesus nicht sagen, daß wir unsere Eltern hassen sollen. Vielmehr sollen wir sie lieben, wie wir alle Menschen lieben. Vater und Mutter, von denen Jesus sprach, sind *der Vater* und *die Mutter*, die in unseren Köpfen gespeichert sind und uns kontrollieren. Es sind diese Stimmen gemeint. Von ihnen müssen wir uns losmachen, von ihnen müssen wir uns abkoppeln.

Sobald wir aufhören, mechanisch zu existieren, hören wir auch auf, Marionetten zu sein. Wie wollen wir ein spirituelles Leben führen, ohne lebendig zu sein? Wie können wir Jünger Jesu sein, wenn wir mechanisch funktionieren, wie Marionetten?

Hier stellt sich die grundlegende Frage: Wie hört man auf, mechanisch zu leben? Es gibt eine Übung, die uns hierbei helfen kann. Sie erscheint einfach, ist es aber nicht. Und wenn Sie sie durchhalten können, werden Sie den Unterschied sehen.

Die Übung geht folgendermaßen: Denken Sie an ein Ereignis aus der jüngsten Vergangenheit, an etwas, das gestern geschah, oder letzte Woche. Sie können auch an ein unangenehmes Ereignis denken. Wenn es etwas Unangenehmes ist, umso besser. Stellen Sie fest, wie Sie auf diese Erinnerungen reagieren, welche Gefühle sich regen. Was für eine Überzeugung und Einstellung haben Sie diesem Ereignis gegenüber? Stellen Sie es nur fest und fragen Sie sich, auf welche Stimme Sie reagieren. Haben Sie den Mut, sich zu fragen: »Ist das auch nicht die Reaktion von irgendjemand anders in mir? Jemand aus der Vergangenheit, der sich mir eingeprägt hat?«

Diese Übung dauert wenige Sekunden, höchstens eine Minute. Wenn Sie ihre volle Wirkung erreichen möchten, sollte sie länger dauern, wobei Sie verschiedene Ereignisse des Tages auf diese Weise überprüfen sollten. Achten Sie auf Ihre Reaktionen. Stellen Sie nur fest, beurteilen Sie nicht, verurteilen Sie nicht, billigen Sie nicht, seien Sie ein neutraler Beobachter. Sie müssen sich noch nicht einmal die Fragen stellen, die ich vorgeschlagen habe. Wenn es Sie ablenken sollte, verzichten Sie auf die Fragen. Beobachten Sie nur. Bald wird alles Mechanische verschwinden und das Leben beginnen. Dann werden Sie den Unterschied spüren.

Ich kenne einen außergewöhnlichen Mann, der gelähmt

ist. Er sagte mir einmal: »Wissen Sie, Pater, eigentlich begann ich erst wirklich zu leben, nachdem ich gelähmt war. Zum ersten Mal in meinem Leben hatte ich Zeit, mich selbst zu beobachten, mein Leben zu betrachten, meine Reaktionen und Gedanken. Mein Leben wurde viel tiefer, reicher und viel interessanter als vorher.«

Ist es nicht bemerkenswert, daß ein gelähmter Mann das Leben entdeckte, während viele andere sich frei bewegen können und es doch nicht finden, weil sie innerlich gelähmt sind?

Ein großes Hindernis ist der Zeitmangel. Fast alle behaupten, sie hätten keine Zeit. »Wie soll ich nur die Zeit dafür finden?« Gut, für was verwenden Sie denn Ihre Zeit? Um Ihr mechanisches Dasein aufrechtzuerhalten? Wie der Mann, den der Räuber anschrie: »Geld oder Leben!«, und der antwortete: »Nehmen Sie mir lieber das Leben, das Geld brauche ich noch für später.«

Wenn Sie das lustig finden, dann denken Sie einmal an diejenigen, die sagen würden: »Nehmen Sie mir lieber das Leben, denn ich brauche Zeit, um mein Leben Tag für Tag weiterzuführen«. Das wäre lustig, wenn es nicht so traurig wäre.

Beobachten Sie Ihre Reaktionen auf jedes Ereignis des Tages, beobachten Sie Ihre Überzeugungen. Fragen Sie! Sind Sie offen dafür, Ihre Überzeugungen zu hinterfragen? Wenn nicht, sind Sie voller Vorurteile und reagieren mechanisch.

Hier fällt mir die Geschichte von einem intelligenten jungen Rabbiner ein, der seinem nicht minder intelligenten Vater nachfolgte, ebenso Rabbi. Die Leute sagten zu ihm: »Rabbi, du bist ja ganz anders als dein Vater!«

Da lachte der Junge: »Ich bin genau wie mein Vater! Mein Vater ahmte niemanden nach, und ich ahme niemanden nach. Er war keine Kopie, und ich auch nicht.«

Das heißt, lebendig zu sein, einmalig zu sein. Sich von den

Stimmen und der Fernsteuerung zu befreien. Und Sie werden das durch eigenes Beobachten schaffen.

Noch etwas, ein Zweites, ist notwendig, um lebendig zu sein: jetzt zu sein. Was heißt das? Es heißt in erster Linie, etwas zu verstehen, was die wenigsten verstehen, nämlich: daß die Vergangenheit nicht die Wirklichkeit ist, ebensowenig wie die Zukunft, und daß in der Vergangenheit und in der Zukunft zu leben bedeutet, tot zu sein. Mir ist durchaus klar, daß es in der Vergangenheit viele wunderbare Dinge gibt, aus denen wir auch etwas lernen können, und daß die Vergangenheit uns beeinflußt und formt. Gut! Aber sie ist nicht die Wirklichkeit.

Wir müssen uns mit der Zukunft beschäftigen. Hätten Sie Ihre Zukunft nicht geplant, würden Sie mir jetzt auch nicht zuhören. Aber die Zukunft ist nicht real, sie ist eine Idee in unseren Köpfen. Und wenn Sie in der Zukunft oder in der Vergangenheit leben, befinden Sie sich nicht im Jetzt, sind Sie nicht hier.

So wie in der Geschichte von der Familie, die für drei Tage in die Schweiz reisen wollte. Monatelang planten sie die Ferien, und als sie schließlich begannen, verloren sie die meiste Zeit damit, die Rückreise zu planen. Als sie dann in der Schweiz ankamen, hieß es nur noch fotografieren, um die Bilder Freunden zeigen zu können, anstatt die wundervolle Kulisse zu genießen, anstatt die frische Bergluft zu atmen. So besaßen sie Bilder von Orten, an denen sie nie waren, wohl körperlich, doch nicht in Wirklichkeit. In Wirklichkeit waren Sie woanders. Ein Beispiel unwirklicher Ferien und unwirklichen Lebens!

Wir leben in einer Zukunftskultur, einer Morgen-Kultur: morgen werde ich glücklich sein; morgen werde ich leben. Wenn ich auf das Gymnasium komme, werde ich leben; wenn ich auf die Universität komme, werde ich leben. Und wenn Sie dann auf der Universität sind, werden Sie sagen:

»Wenn ich heirate, werde ich leben.« Nachdem Sie geheiratet haben, werden Sie sagen: »Wenn die Kinder größer sind, werde ich leben.« Wenn die Kinder groß geworden sind, werden Sie nicht wissen, was es heißt zu leben! Und wahrscheinlich werden Sie sterben, ohne je gelebt zu haben.

Können Sie jetzt einen Schock verkraften? Dann hören Sie zu: Prüfen Sie Ihr Leben. Durchforsten Sie einmal Ihre Gedanken, und Sie werden feststellen, wie sie sich regelmäßig in der Vergangenheit oder in der Zukunft bewegen. Zu erkennen, wie wenig man in der Gegenwart lebt, wie wenig man doch lebendig ist, ist ein Schock. Sehen Sie es einmal so: Sie schälen eine Orange, weil Sie sie essen möchten. Wenn Ihre Gedanken nur darauf fixiert sind, die Orange zu essen, wissen Sie, was dann passieren kann? Sie werden die Orange nicht schälen, weil Sie nicht dort sein werden, und wenn Sie die Orange essen, werden Sie sie nicht genießen, weil Sie irgendwo anders sind.

Ein alter und weiser Schiffer lebte davon, Pilger mit seinem Boot zu einem Wallfahrtsort zu bringen. Eines Tages fragte ihn einer der Pilger: »Warst du denn auch schon einmal dort?«

»Nein, bis jetzt noch nicht, denn ich habe noch nicht alles entdeckt, was der Fluß mir zu geben hat. In diesem Fluß finde ich Weisheit, Frieden, finde ich Gott.«

Die Pilger hingegen hatten nicht einmal den Fluß wahrgenommen, so sehr waren ihre Gedanken auf den Wallfahrtsort fixiert. Das machte sie für den Fluß blind.

Könnte das nicht auch die Geschichte unseres Lebens sein? Wie man eine Tasse in die Hand nimmt, um Kaffee zu trinken, ohne sie wirklich hochzuheben, weil man nicht dabei ist, und man niemals den Kaffee trinkt, weil man nicht dabei ist, und das in alle Zukunft. Es ist eine Tragödie. Wir verlieren unser Leben!

Was tun? Eine Legende sagt, daß Buddha auf der Suche

nach Erleuchtung durch das ganze Land reiste, die größten Meister seiner Zeit besuchte, alle Disziplinen und spirituellen Methoden praktizierte, die es gab, aber keine Erleuchtung fand. Schließlich gab er auf. Entmutigt setzte er sich zu Füßen einer Statue und war mit einem Mal erleuchtet. Jahre später fragten ihn seine Schüler: »Meister, erzähle uns das Geheimnis der Erleuchtung. Wie erlangt man sie?« Es gibt kein Geheimnis, keine Technik. Und der alte Mann versuchte, das zu erklären. Doch die Schüler wollten eine Methode. Also sagte Buddha – und ich stelle mir vor, wie er dabei mit dem Auge zwinkerte: »Gut, ich werde euch eine Methode lehren. Wenn ihr einatmet, seid euch dessen bewußt, daß ihr einatmet. Und wenn ihr ausatmet, seid euch dessen bewußt, daß ihr ausatmet.«

Ist das nicht erstaunlich? Es kommt einem nicht sonderlich spirituell vor. Wissen Sie, was Buddha damit bezweckte? Er wollte, daß die Schüler zum Jetzt, zum Heute, kamen. Er wußte – erleuchtet wie er war –, daß Gott nicht morgen ist, Gott ist jetzt. Das Leben ist nicht morgen, das Leben ist jetzt. Liebe ist nicht morgen, Liebe ist jetzt. Erleuchtung ist jetzt. Wenn Sie zur Gegenwart kommen, kann sie eintreten. Ja. Sie kann eintreten.

Das ist der vorausgegangenen Übung, die Ihnen helfen sollte, zum Frieden zu gelangen, sehr ähnlich, erinnern Sie sich? »Tun Sie nur eine Sache auf einmal, und verbalisieren Sie, fassen Sie in Worte, was Sie gerade tun.« Das ist eine sehr gute Übung, zur Gegenwart zu gelangen, um zum Jetzt und damit zum Leben zu kommen. Das ist die zweite Notwendigkeit, um lebendig zu werden, um Sie selbst zu sein und jetzt zu sein.

Betrachten wir nun als drittes das Hiersein. Das heißt, den Vorrang des Denkens aufzugeben und zu seinen Sinnen zurückzukehren, im wahrsten Sinne des Wortes; nicht mehr zu abstrahieren, sondern zu erleben.

Es gibt eine Geschichte von einem amerikanischen Soldaten im Koreakrieg. Am Erntedanktag, dem größten Feiertag in Amerika, befiel ihn großes Heimweh. An diesem Tag lud ihn ein Ehepaar, das viele Jahre in Amerika gelebt hatte, zum Essen ein. Schon bei der Begrüßung sah er zu seiner großen Überraschung und Freude, daß es Truthahn gab, sein Lieblingsgericht. Das Essen begann, und er bediente sich großzügig. Doch schon bei den ersten Bissen fing er eine lebhafte Diskussion mit seinen Gastgebern an. Als die Debatte schließlich zu Ende war, war sein Teller leer. Plötzlich merkte der Soldat, daß er das Essen überhaupt nicht genossen hatte und nicht einmal mehr wußte, wie der Truthahn eigentlich geschmeckt hatte. Das nenne ich, zum Hier und Jetzt zu kommen.

Begriffe und Sammelbegriffe sind eine tolle Sache. Aber Begriffe sind nicht das Leben! Sie eignen sich ausgezeichnet dazu, uns im Leben zu führen. Doch sie sind nicht das *Leben*. Dem Leben begegnet man im *Erleben*. Es ist, als würde man eine wunderbare Speisekarte lesen. Sie ist nicht das Essen. Und wenn Sie die ganze Zeit auf das Lesen der Speisekarte verwenden, werden Sie nie satt. Es kann machmal noch schlimmer kommen: manche essen tatsächlich die Speisekarte. Sie leben von Begriffen und verlieren dabei das Leben.

Wie läßt sich solch ein Verhalten überwinden? Der große weise Krishnamurti sagt uns: »An dem Tag, an dem du deinem Kind den Namen des Vogels lehrst, hört es auf, den Vogel zu sehen.« Das Kind sieht dieses flauschige, lebendige Etwas, so geheimnisvoll und vielversprechend. Und wir bringen ihm bei: das ist ein Spatz. Jetzt hat das Kind einen Begriff: Spatz. Und immer, wenn es dann einen Spatz sieht, wird es sagen: »Ach ja, das kenne ich schon: das ist ein Spatz.«

Dasselbe gilt zum Beispiel für den Begriff des »Amerikaners«. Immer wenn ich jemandem begegne, der die amerikanische Staatsbürgerschaft hat, sage ich: »ein Amerikaner«. Dabei sehe ich nicht mehr das einmalige Wesen, das dieser einzelne, bestimmte Mensch ist.

Wann haben Sie einmal ein Kind zu beobachten versucht, das dieses geheimnisvolle, flauschige, hüpfende Etwas betrachtet, das wir schlicht Spatz nennen? Spüren Sie, wie dieses Wort, dieser Begriff jedes Verstehen durchkreuzt. Der Begriff, das Wort können ein Hindernis sein, den Spatz wirklich zu sehen. Die Bezeichnung »Amerikaner« kann eine Barriere sein, mein amerikanisches Gegenüber wirklich zu sehen. Das Wort und der Begriff »Gott« können ein Hindernis sein, »Gott« zu sehen.

Wie ist dem zu begegnen? Sie können jetzt sofort Abhilfe schaffen. Lauschen Sie allen Geräuschen, die Sie in Ihrer Umgebung wahrnehmen können. Können Sie alle hören? Hohe Töne, tiefe Töne, den Klang einer Stimme? Wissen Sie, was passiert, wenn Sie das tun? Sie kommen zu Ihren Sinnen und durch sie zum Erfahren. Dabei gibt es keine Abstraktionen, keine Begriffe. Sehen Sie, was Sie gerade sehen, hören Sie, was Sie gerade hören, berühren Sie, was Sie gerade berühren, fühlen Sie, was Sie gerade fühlen.

Es gibt einen berühmten Guru, der erleuchtet wurde. Seine Schüler fragten ihn: »Meister, wie hat sich die Erleuchtung auf dich ausgewirkt? Was hat dir die Erleuchtung gebracht?«

Der Guru antwortete: »Gut, wenn ihr wollt, erzähle ich euch, was sie mir gegeben hat: Wenn ich esse, esse ich; wenn ich sehe, sehe ich; wenn ich höre, höre ich. Das hat sie mir gebracht!«

Die Schüler wandten ein: »Aber das machen wir doch alle!«

Worauf der Meister lachend erwiderte:

»Das machen alle? Dann müssen alle erleuchtet sein!«

Doch der springende Punkt ist, daß das fast niemand macht, fast niemand ist hier und in diesem Sinne lebendig.

Lebendig zu sein bedeutet, Sie selbst zu sein, im Hier und Jetzt. Beobachten Sie sich selbst. Je mehr Sie sich selbst beobachten, nicht nur im Geiste, sondern wie ein neutraler Beobachter, desto mehr werden Sie das mechanische Dasein einer Marionette verlieren und schließlich ein Jünger Jesu werden. Als Marionette können Sie kein Jünger sein! Wenn Sie nur zu zehn Prozent wirklich leben, können Sie auch nur zu zehn Prozent Jünger sein. Verstehen Sie?

Probieren Sie die Wirklichkeit aus, kommen Sie zu Ihren Sinnen. Es wird Sie zum Jetzt bringen. Es wird Sie zur Erfahrung bringen. Im Jetzt begegnet man Gott.

Aber ist das Beten? Beten heißt doch mit Gott sprechen, oder nicht? Sicher, beten heißt, mit Gott zu sprechen.

Stellen Sie sich eine Mutter vor, die krank im Bett liegt, und die Tochter putzt das ganze Haus, kocht Essen, pflegt den Garten. Sie spricht zwar nicht mit ihrer Mutter, aber wieviel sagt sie ihr doch!

Kommen Sie zum Leben und Sie werden auf die Worte Jesu hören, ... der uns nicht einfach zu einer neuen Religion aufruft, sondern zum Leben.

Die Freiheit

Ein japanischer General wurde von den feindlichen Soldaten gefangengenommen und eingesperrt. Er wußte, daß ihm am nächsten Tag die Folter bevorstand und konnte nachts kein Auge zutun. Ruhelos lief er in seiner Zelle hin und her und dachte an den Tod. Schließlich sagte er sich: »Wann werde ich denn gefoltert? Morgen. Aber das Morgen ist nicht wirklich, wie mich mein Zenmeister lehrt!« Kaum hatte er das eingesehen, wurde er ruhig und schlief ein.

Indem er verstand, das allein Wirkliche sei das Jetzt, fand er Schlaf. Zwar war er im Gefängnis, aber doch ein freier Mann.

Die Feinde der Freiheit stehen nicht dort draußen, sondern befinden sich hier drinnen. Die Ketten, die uns fesseln, sind hier. Über diese Fesseln möchte ich nun sprechen, über jede einzelne, denn es sind viele.

Die erste Fessel, die uns umschlingt und uns hindert, frei zu sein, sind die schlechten Erfahrungen, die wir in der Vergangenheit gemacht haben. Es ist nicht schwer, dies zu verstehen: Wer seine Mutter mit acht Jahren verloren hat, ist durch diese Erfahrung so verwundet, daß er sich niemandem mehr anvertrauen kann. Eine Frau, die als Kind sexuell belästigt wurde, fürchtet sich vor allen Männern. Einem Mann, dem zu Unrecht ein Vergehen zur Last gelegt und der auf die Straße gesetzt wurde, ist für den Rest seines Lebens verbittert.

Das erste, was uns fesselt und uns daran hindert, frei und lebendig zu sein, sind, wie gesagt, die schlechten Erfahrungen, die wir gemacht haben. Wie lassen sich diese Fesseln sprengen, wie findet man wieder zum Leben? Dafür gibt es eine sehr einfache, hilfreiche Übung. Man braucht nur etwas Glauben und Dankbarkeit, um auch etwas von ihr zu haben.

Wenn Sie feststellen, daß Sie unter dem Einfluß einer schlechten Erfahrung stehen, kehren Sie in Gedanken zu dieser Erfahrung zurück – in einem Augenblick der Ruhe, einem Augenblick des Friedens und der Stille. Wenn Sie das nicht schaffen, sprechen Sie mit Gott, und bleiben Sie ruhig. Stellen Sie sich vor, Sie seien Gott ganz nahe und sagen Sie ihm: »Herr, es ist schwer, aber ich glaube und vertraue darauf, daß du es so gewollt hast und alles zu meinem Wohl geschah. Ich kann zwar das Gute darin nicht sehen, doch ich weiß, daß es für mich da ist.«

Gehen Sie ganz behutsam vor, seien Sie nicht hart zu sich, zwingen Sie sich nicht. Wenn Sie meinen, Sie sperren sich innerlich dagegen, lassen Sie es gut sein, und machen Sie an einem anderen Tag weiter. Aber es ist wichtig, daß Sie versuchen, diese Übung – wenn Sie sie einmal begonnen haben – auch zu Ende zu führen. Sie können spüren, wie der Zorn von Ihrem Herzen Besitz ergreift. In Ordnung, bleiben Sie zornig. Selbst so beten Sie. Gott wird sich über Ihre Aufrichtigkeit freuen. Dann lassen Sie es gut sein bis zum nächsten Mal. Es braucht seine Zeit, Freiheit läßt sich nicht so schnell erreichen. Sobald Sie in Ihrem Herzen spüren und es Gott auch sagen, daß Sie wirklich glauben, alles sei zu Ihrem Wohl geschehen, tun Sie den nächsten Schritt: Danken Sie Gott. Wenn Sie für alles, was Sie erfahren haben, danken können und für das Gute, das daraus hervorging, wird Sie ein Gefühl der Freiheit erfüllen, werden die Fesseln gesprengt sein. Wieder ein bißchen weniger, was Sie einengt.

Eine andere Art von Fessel, die uns innerlich bindet, sind die guten Erfahrungen, die wir gemacht haben. Ja, Sie haben richtig gelesen. Es tut so gut, sie sich immer wieder ins Gedächnis zu rufen und von ihnen zu zehren. Doch da lauert eine Gefahr: Sie können nämlich der Krankheit »chronische Sehnsucht« zum Opfer fallen. Wissen Sie, was dabei passieren wird? Sie werden aufhören zu leben! Sie werden sich aus der Gegenwart zurückziehen. Doch vermutlich werden Sie die Gegenwart zerstören.

Angenommen, Sie hatten ein wunderbares Erlebnis mit einem Freund. Sie bewunderten zum Beispiel zusammen einen herrlichen Sonnenuntergang am Meer. Ein anderes Mal gehen Sie mit ihm zum Essen aus. Wenn Sie nun Ihr früheres schönes Erlebnis nehmen (den Sonnenuntergang), es in einen goldenen Käfig einschließen und mit sich herumtragen, bis Sie Ihren Freund wiedersehen, werden Sie dann bald heimlich Ihren goldenen Käfig öffnen, kurz hineinschauen und feststellen: »Heute ist es aber nicht so schön wie damals!« Merken Sie, was geschieht? Mit einer früheren Erfahrung zerstören Sie die Gegenwart. Sie sind weniger frei, leben weniger. Ihre Erfahrung fesselt Sie.

Wie lassen sich diese Fesseln abwerfen? Es gibt eine Methode, die allerdings schmerzhaft sein kann. Ein neues Leben ans Licht der Welt zu bringen, kann schmerzen. Aber wenn Sie dazu bereit sind, dann denken Sie nun an einige Menschen, die Sie einmal geliebt haben und heute nicht mehr bei Ihnen sind, sei es, weil Sie sich von ihnen getrennt haben, sei es, weil sie gestorben sind. Sprechen Sie mit jedem oder jeder einzelnen, und sagen Sie: »Ich hatte das Glück, dir in meinem Leben begegnet zu sein. Wie dankbar bin ich dir! Ich werde dich immer lieben! Und jetzt muß ich gehen, lebe wohl. Wenn ich mich an dich binde, werde ich nicht lernen, die Gegenwart zu lieben; werde ich nicht lernen, die Menschen zu lieben, mit denen ich zusammen bin. Lebewohl!« Merken Sie, wie schmerzhaft das sein kann?

Dann denken Sie an ein paar gute Erfahrungen, die Sie gemacht haben, und sprechen Sie sie wie einen Menschen an. Denken Sie an jede einzelne und sagen Sie: »Wie wunderbar war es doch, dich zu haben. Dafür bin ich sehr dankbar! Aber jetzt lebe wohl!« Das kann noch mehr weh tun, glauben Sie mir?

Es gibt eine andere Übung, die manch einem noch schwerer fallen wird: Denken Sie an eine frühere Eigenschaft, die Ihnen einmal vergönnt war; an etwas, was Sie wie Ihren Augapfel gehütet haben, zum Beispiel Ihre Jugend, Ihre Kraft, Ihre Schönheit. Sprechen Sie auch diese an. Das klingt vielleicht etwas kindisch. Aber haben Sie keine Angst, wie ein Kind zu sein. Sie können das Königreich finden! Sprechen Sie mit jeder Eigenschaft und sagen Sie dann: »Es war sehr schön, euch zu haben! Ich bin dafür sehr dankbar, euch in meinem Leben gehabt zu haben! Doch jetzt muß ich gehen, lebt wohl!«

Viele alte Menschen haben nie gelebt, haben nie die ganze Schönheit, Tiefe und den Reichtum erfahren, die das fortgeschrittene Alter mit sich bringt, weil sie nie die Jugend, die Kraft und die Vitalität hinter sich lassen wollten. »Das Beste kommt erst noch. Und mit dem Ende des Lebens wird angefangen.« Das Beste steht noch bevor. Viele Leute verlieren die beste Zeit ihres Lebens, die späten Jahre, weil sie zu sehr auf die Vergangenheit fixiert, an ihre guten Erfahrungen von damals gefesselt sind.

Das sind also zwei der Fesseln, die uns daran hindern, glücklich zu sein. Ein verletzter Vogel kann nicht fliegen, aber ein Vogel, der sich an einen Ast klammert, auch nicht. Hören Sie auf, sich an die Vergangenheit zu klammern! Ein hinduistisches Sprichwort sagt: »Das Wasser wird rein, indem es weiterfließt; der Mensch, indem er weitergeht.«

Nun die dritte Fessel: die Angst und die Furcht vor der Zukunft. Erinnern Sie sich noch an den japanischen General? Jesus spricht von derselben Einstellung, nur ein bißchen poetischer: »Seht euch die Vögel des Himmels an..., lernt von den Lilien, die auf dem Feld wachsen. Sie arbeiten nicht und spinnen nicht. Ängstigt euch also nicht!« Es ist sehr schwierig, das zu verwirklichen! Selbst Jesus verhielt sich im Angesicht des Todes anders. Angst und Traurigkeit ergriffen ihn. Wenn wir die Fesseln der Angst sprengen wollen, müssen wir tun, was Jesus getan hat: der Angst ins Gesicht sehen und mit ihr sprechen, als sei sie ein Mensch; liebenswürdig, ohne Härte, denn die Angst ist ins uns, sie hat ihre Vorsichtsmaßnahmen getroffen. Sagen Sie der Angst: »Ich verstehe, daß du da bist. Doch ich vertraue auf Gott.« Und wenn Sie dann tief in Ihrem Herzen meinen, es tun zu können, danken Sie im voraus für die Konsequenzen. Es wird Ihnen eine große Hilfe sein. Danken Sie Gott für alles, was auch geschen mag.

Eine weitere Fessel, die uns versklavt, hat ebenfalls mit der Zukunft zu tun: der Ehrgeiz. Ehrgeiz kann eine wunderbare Sache sein. Aber vom Ehrgeiz versklavt zu werden, ist etwas Schreckliches! Menschen, die unter dem Joch des Ehrgeizes stehen, leben gar nicht. Ich brauche das nicht weiter zu erläutern. Wir alle kennen genügend solcher Menschen. Aber was tun, wenn Sie dem Ehrgeiz ausgeliefert sind? Begeben Sie sich in die Gegenwart Gottes, verrichten Sie einen Akt des Glaubens, indem Sie die Zukunft in seine Hände legen. Sagen Sie ihm: »Herr, ich vertraue darauf, daß du meine Zukunft bestimmst. Ich werde alles tun, um meine Träume zu verwirklichen, aber das Ergebnis lege ich in deine Hände.« Dann danken Sie für das Ergebnis Ihrer Einstellung. Es wird Ihnen Frieden und Freiheit bringen.

Die nächste Fessel ist das Festhalten an Gegenwärtigem. Das menschliche Herz ist ein großer Verführer. Ich brauche Ihnen das nicht erst sagen, denn jeder erfährt das selbst. Wir möchten Dinge und Menschen besitzen und uns niemals wieder von ihnen trennen. Wir werden abhängig und verlieren die Freiheit. Oft lassen wir die anderen genausowenig frei sein.

Die folgende Übung kann uns von dieser Art des Festhaltens befreien: Denken Sie an irgendjemand, an dem Sie sehr hängen, so sehr hängen, daß Sie ihn nicht mehr gehen lassen wollen. Sprechen Sie in Gedanken mit ihm; stellen Sie sich vor, Sie sitzen ihm gegenüber, und sprechen Sie mit ihm, ganz offen und liebenswürdig. Sagen Sie ihm oder ihr, was er oder sie Ihnen bedeutet. Und fügen Sie dann die folgenden Worte hinzu, die Ihnen zunächst wohl hart erscheinen werden. Aber wie schon anfangs gesagt, zwingen Sie sich zu nichts. Wenn es weh tut, sagen Sie es irgendwann einmal, wenn sie es fertigbringen können. Sagen Sie: »So viel du mir auch bedeutest, so sehr ich dich auch liebe, oder so sehr ich dich auch mag, aber du bist nicht mein Leben! Ich habe ein Leben zu leben, eine Bestimmung zu erfüllen, welche anders ist als deine.« Harte Worte, aber das Leben ist nicht immer leicht.

Dann denken Sie an Dinge, Orte, Tätigkeiten, an etwas für Sie Wertvolles, von dem Sie nur schwer lassen können, und sagen etwa folgendes: »Wie wertvoll du für mich bist! Doch du bist nicht mein Leben, ich habe ein Leben zu leben, eine Bestimmung zu erfüllen, die anders ist als deine.« Sagen Sie dann dasselbe zu allem, woran Sie sehr hängen, was fast ein Teil Ihres Seins geworden ist: Ihr Ruf, Ihre Gesundheit. Sagen Sie dem Leben selbst, daß es eines Tages vom Tode verschlungen werden wird: »Wie sehr schätze und liebe ich dich, doch du bist nicht mein Leben: Ich habe ein Leben zu leben, eine Bestimmung zu erfüllen, die anders ist als deine.« Aller Erwartung nach wird das Ergebnis der mutigen Wiederholung dieser Worte die innere Freiheit sein.

Es gibt noch eine Fessel, auf die ich Sie aufmerksam machen muß. Wir haben bereits über Ihre schlechten Erfahrungen gesprochen, über Ihre guten Erfahrungen, die Angst vor der Zukunft, die Erwartungen an die Zukunft, das Klammern an Gegenwärtigem. Hier schließlich die Fessel, die ich als die mächtigste ansehe und die am schwierigsten zu sprengen ist.

Doch dazu wieder eine Übung. Vielleicht sind Sie noch nicht in der Lage, sie schon jetzt zu machen, vielleicht brauchen Sie noch etwas Zeit oder Ruhe dazu. Fragen Sie sich: »Was existierte eigentlich hundert Jahre vor mir?« Lassen Sie ruhig Ihre Phantasie spielen! Und jetzt ein noch größerer Sprung: »Was gab es dreitausend Jahre vor mir auf der Welt?« Also tausend Jahre vor Christi Geburt. Dieser Zeitabstand ist noch relativ kurz, denn die Wissenschaft lehrt uns, daß es auf unserem Planeten schon seit Millionen von Jahren Leben gibt. »Und was wird in dreitausend Jahren sein? Wird die Erde eine Wüste sein? Ein Urwald? Wird es eine andere Zivilisation geben?« Eines können Sie sich sicher sein: Falls es dann menschliche Lebewesen geben wird, werden sie nicht Ihre Sprache sprechen, nicht Ihre Gewohnheiten haben, und sie werden auch eine andere Kultur besitzen. Keine Sprache hat sich noch – als lebende Sprache – länger als dreitausend Jahre gehalten. Versuchen Sie, es sich vorzustellen, wie Sie in dreitausend Jahren auf die Erde kommen, genau nach diesem Platz hier suchen und nach irgendeiner Spur davon, daß Sie einmal da waren.

Wissen Sie, was dabei geschehen wird? Ein Gefühl von Unendlichkeit wird in Ihnen aufkommen, ein Gefühl von Freiheit. Und wissen Sie wovon? Von der Illusion, Sie hätten eine Bedeutung. Außer in den Augen Gottes haben wir nicht allzuviel Bedeutung. Denken Sie an einen dieser Vögel des Himmels, von denen Jesus sprach; denken Sie an die Lilien, an alle Blumen auf dem Feld. Denken Sie an die Sandkörner, an die Wassertropfen, die Regentropfen. Denken Sie an sich selbst. Wie unbedeutend sind wir doch!

Wenn Sie diese Übung mit Erfolg machen können, werden Sie von der größten aller Tyranneien befreit: der Tyrannei des Ich. Sie werden Befreiung erfahren, Erleichterung und Freiheit. Denn es gibt niemanden, der so frei und lebendig wäre wie derjenige, der den Tod, die eigene Unwichtigkeit schon akzeptiert hat. Diese Übung wird Ihnen Perspektive und Größe geben. Aber Sie brauchen dafür Zeit.

Ich kenne noch eine andere Übung, die sogenannte »geheimnisvolle Übung«, bei der nicht sofort deutlich wird, daß sie mit der Freiheit zu tun hat. Sie geht folgendermaßen:

Treten Sie zuerst mit bestimmten Empfindungen Ihres Körpers in Kontakt. Nehmen Sie wahr, wie Ihre Kleider auf Ihren Schultern liegen, wie die Lehne Ihres Stuhls Ihren Rücken stützt, machen Sie sich Ihre Hände bewußt, wie sie in Ihrem Schoß liegen, ... und so weiter. Wenn Sie das ein paar Minuten lang getan haben, machen Sie sich bewußt, daß Sie diese Empfindungen beobachten. Sagen Sie: »Diese Empfindungen bin ich nicht, dieser Körper bin nicht ich.« Danach beobachten Sie die Gedanken, die in Ihnen auftauchen. Nach einiger Zeit richten Sie Ihre Aufmerksamkeit wieder darauf, daß Sie diese Gedanken beobachten, und sagen Sie: »Diese Gedanken bin nicht ich, ich bin nicht meine Gedanken.«

Danach achten Sie einmal auf Ihre Gefühle oder machen sich bestimmte frühere Gefühle bewußt, die aber noch nicht allzu lange zurückliegen. Ängste, Niedergeschlagenheit, Schuldgefühle, was auch immer. Nach ein paar Minuten richten Sie wieder Ihre Aufmerksamkeit darauf, daß Sie diese Gefühle beobachten, daß Sie es sind, der diese Gefühle in Ihnen wachruft, und sagen Sie: »Ich bin nicht dieses Gefühl, ich bin nicht meine Gefühle.«

Wenn Sie angespannt sind, identifizieren Sie sich nicht mit Ihrer inneren Anspannung. Sind Sie niedergeschlagen, identifizieren Sie sich nicht mit der Niedergeschlagenheit: »Ich bin nicht diese Niedergeschlagenheit.«

Dies ist eine der großen Übungen, die uns der Osten zu geben hat. Ihre Ergebnisse zeigen sich zwar nicht sofort, doch bleiben sie bestimmt nicht aus. Diese Übung sprengt die stärkste aller Fesseln: die Fessel der Illusion und der Tyrannei des Ich.

Verharren Sie ein paar Minuten in Stille, und machen Sie

die eine oder andere der Übungen, die ich Ihnen vorgeschlagen habe, und die Ihnen gefallen. Ich habe zwei Übungen vorgestellt, die eher zu den langfristigen Übungen zu zählen sind: die Übung mit dem Vor-dreitausend-Jahren und dem In-dreitausend-Jahren und dann die »geheimnisvolle Übung«: »Ich bin nicht mein Gefühl, ich bin nicht meine Gedanken, usw.«. Darüber hinaus zeigte ich Ihnen andere Übungen, die Ihnen helfen, mit Ihrer Versklavung und Ihren Fesseln umzugehen und sich davon zu befreien.

Zum Schluß dieses Abschnitts möchte ich Ihnen die Geschichte von einem freien Menschen erzählen. Es ist die Geschichte einer jungen Frau aus einem Fischerdorf, die schwanger geworden war. Ihre Eltern schlugen sie, bis sie ihnen gestand, wer der Vater des Kindes war:

»Es war der Zenmeister, der im Tempel vor dem Dorf wohnt.«

Ihre Eltern und alle Leute im Dorf waren wie vor den Kopf geschlagen. Kaum war das Kind auf der Welt, nahmen sie es, rannten damit zum Tempel und legten es dem Zenmeister vor die Füße. »Du Scheinheiliger«, riefen sie, »das ist dein Kind! Kümmere dich um es!«

Alles, was der Meister darauf erwiderte, war: »Sehr gut, sehr gut.« Dann gab er das Kind einer der Frauen des Dorfes, damit sie es versorgte. Er selbst kam für alle Kosten auf. Doch es dauerte nicht lange, bis den Meister alle seine Schüler verließen, denn sein Ruf war dahin. Niemand suchte mehr seinen Rat. So ging es einige Monate lang. Als die junge Mutter dies eine Weile mitangesehen hatte, konnte sie nicht mehr anders und erzählte allen die Wahrheit. Der Vater des Kindes war nämlich nicht der Meister, sondern der Nachbarssohn. Nachdem ihre Eltern und die anderen Dorfbewohner dies gehört hatten, zogen sie zum Tempel und warfen sich vor dem Meister zu Boden. Schuldbewußt baten sie um Vergebung und flehten ihn an, ihnen doch das Kind zurückzugeben. Der Meister gab ihnen das Kind, und alles, was er dabei sagte, war: »Sehr gut, sehr gut.«

Das ist ein freier Mensch; ein Mensch, der leiden kann, der zu der Sichtweise gefunden hat, von der ich Ihnen vorhin erzählt habe. Ich wünsche mir und Ihnen, daß uns Gott als Ergebnis unserer schwachen Anstrengungen diese Gabe verleihen möge!

Die Liebe

Ich habe schon über den Frieden, die Freude, die Stille, das Leben und die Freiheit gesprochen und komme jetzt zum Thema der Liebe. Es ist zweifellos das schwierigste Thema, denn die Liebe ist ein Mysterium und in ihrer Unergründlichkeit nahezu etwas so Großes wie Gott selbst. Manchmal erhaschen wir ein wenig Liebe und erahnen, was sie ist. Ich glaube aber nicht, daß jemand diesen geheimnisvollen Komplex wirklich versteht. Wenden wir uns hier vor allem zwei Aspekten der Liebe zu: Liebe als Akt der Schöpfung und Liebe als Akt der Identifikation.

Ich beginne mit der Liebe als Akt der Schöpfung und erzähle Ihnen dazu eine wunderschöne indianische Geschichte; es ist eine meiner Lieblingsgeschichten.

Ein indianischer Späher fand auf einem Berggipfel ein Adlerei. Er nahm es mit und legte es in das Nest einer gewöhnlichen Henne, die es ausbrüten sollte. Als es an der Zeit war, schlüpfte das Adlerküken mit den anderen Küken aus, denn es hatte ja mit ihnen im selben Nest gelegen. Im Kreise der Hühnerküken wuchs das kleine Adlerchen auf. Und bald lernte es, wie sie zu gackern, in der Erde zu scharren, nach Würmern und Insekten zu suchen. Ab und zu hob es seine Flügel und flatterte auf einen der unteren Äste der Bäume, ganz wie die anderen Hühner. Es lebte in dem Bewußtsein, ein Huhn zu sein. Jahre vergingen, und der Adler wurde alt und grau. Eines Tages blickte er zum Himmel empor und sah etwas Wunderbares. Hoch oben, im unendlichen Blau, schwebte ein herrlicher Vogel, fast ohne mit seinen mächtigen Flügeln zu schlagen. Voll Ehrfurcht blickte der alte Adler dem Vogel nach und wandte sich beeindruckt an das nächste Huhn:

»Was ist denn das für ein Vogel?«

Das Huhn schaute nach oben und erwiderte:

»Oh, das ist der Goldadler, der König der Lüfte. Aber verschwende keinen Gedanken mehr an ihn. Du und ich sind von anderer Art, wir gehören hier auf die Erde.«

Also schaute der Adler nie mehr nach oben und starb schließlich in dem Glauben, ein Huhn im Hof zu sein. So war er immer von allen behandelt worden, so war er aufgewachsen, so hatte er gelebt, und so starb er.

Wissen Sie, was Liebe als Akt der Schöpfung bedeutet? Den Adler zu sehen, und sich bewußt sein, was er wirklich ist, damit er die Schwingen entfalten und sich wie der Goldadler in die Lüfte erheben kann. Es bedeutet, den Adler im Adler zu erschaffen.

Ein bekannter amerikanischer Psychologe unternahm einmal einen bemerkenswerten Versuch. Wissen Sie, was er tat? Er führte mit allen Kindern eines Gymnasiums gegen Ende des Schuljahres einen Intelligenztest durch. Das Psychologenteam wählte zehn, zwölf Schüler aus und sagte den Lehrern:

»Diese Schüler sind in Ihrer Klasse. Aus den Tests ersehen wir, daß es sich um sogenannte Hochbegabte handelt. Sie werden sehen, daß diese Schüler im nächsten Schuljahr die besten Noten erzielen werden. Sie müssen uns aber versprechen, nichts der Klasse davon zu sagen, denn das kann den anderen schaden.«

Die Lehrer versprachen zu schweigen. In Wirklichkeit aber gab es in der Klasse kein einziges hochbegabtes Kind. Der Versuch bestand lediglich darin, zehn beliebige Schüler auszuwählen und den Lehrern zu nennen. Als das Schuljahr vorüber war, erschienen wieder die Psychologen und testeten die Schüler ein zweites Mal. Und was meinen Sie, was passierte? Alle »Hochbegabten« hatten einen Intelligenzquotienten, der mindestens zehn Prozent höher war als vorher; manche sogar einen um 36 Prozent höheren. Die

Psychologen sprachen mit den Lehrern und fragten: »Was halten Sie von diesen Kindern?«

Und die Lehrer schwelgten in Urteilen wie: intelligent, dynamisch, lebendig, interessiert, usw.

Was wäre mit den Kindern geschehen, wenn ihre Lehrer nicht der Meinung gewesen wären, sie hätten Hochbegabte in der Klasse? Die Lehrer waren es, die in den Schülern die in ihnen schlummernden Anlagen förderten.

Die Psychologen führten das Experiment auch an anderen Schulen durch, erweiterten es sogar auf Tiere. Der Erfolg war immer sicher. Sie erzählten Psychologiestudenten von Versuchen mit Ratten: »Wir haben hier für Ihre Versuche Ratten einer neuen Züchtung, die besser reagiern.« Darauf kamen sie zu dem Schluß, daß sich die Studenten diesen Ratten intensiver widmeten. Sie erwarteten mehr von den Ratten. Und die Ratten wiederum erfüllten die Erwartungen der Studenten, die sie den Tieren irgendwie zu verstehen gegeben hatten.

Als ich zum ersten Mal von diesem Versuch hörte, fiel mir wieder der als Gründer der »Stadt der Kinder« bekannt gewordene irische Pater Flanagan ein. Der Mann wurde eine Legende, die man sich sogar bis nach Indien erzählte. Zuerst gründete er diese Stadt, um Straßenkindern zu helfen, später um Straffälliggewordenen Halt zu geben. Wenn die Polizei mit ihnen nicht mehr weiter wußte, nahm Pater Flanagan sie mit nach Hause. Man erzählt sich, daß er nie mit den Kindern sprach. Ich erinnere mich an eine Geschichte über ihn, die mich sehr beeindruckt hat:

Ein Achtjähriger hatte Vater und Mutter getötet. Können Sie sich vorstellen, was mit diesem Jungen geschehen sein muß, um in diesem Alter eine solche Grausamkeit zu entwikkeln? Der Junge wurde mehrmals bei einem Banküberfall festgenommen. Die Polizei war mit ihrem Latein am Ende: Als Minderjährigen konnten sie ihn weder vor Gericht stellen, noch einsperren und auch in kein Heim stecken. Dafür hätte er mindestens zwölf Jahre alt sein müssen. Schließlich wandten sie sich an Pater Flanagan: »Nehmen Sie diesen Jungen?«

Und der Pater erwiderte: »Natürlich, schicken Sie ihn mir nur her!«

Viele Jahre später schrieb der Junge seine Geschichte: »Ich erinnere mich an den Tag, als ich mit dem Zug in Begleitung eines Polizisten zur ›Stadt der Kinder‹ fuhr und mir dachte: ›Jetzt schicken sie mich also zu einem Pater. Wenn dieser Mensch mir sagt, daß er mich liebt, bringe ich ihn um‹.«

Und der Junge war tatsächlich ein Mörder! Was geschah? Er kam in die »Stadt der Kinder«, und die Geschichte nahm folgenden Verlauf:

Er klopfte an die Tür, und Pater Flanagan rief: »Herein!«

Der Junge trat ein, und der Pater fragte ihn: »Wie heißt du?«

»Dave, Herr Pater.«

»Dave! Willkommen in der Stadt der Kinder. Wir haben dich schon erwartet. Jetzt bist du da und willst dich bestimmt ein bißchen umsehen. Weißt du, daß hier alle arbeiten, um zu leben? Du bekommst schon noch alles hier gezeigt. Vielleicht findest du eine passende Beschäftigung, aber erhole dich zuerst einmal. Schau dir erst einmal alles an. Du kannst jetzt gehen. Wir sehen uns später.«

Der Junge erzählte, daß diese wenigen Sekunden sein Leben veränderten. Wissen Sie, wieso?

»Zum ersten Mal in meinem Leben sah ich einen Menschen, der, ohne es in Worten auszudrücken, nicht sagte, daß er mich liebte, sondern: Du bist gut, du bist nicht schlecht, du bist gut!«

Und der Junge wurde gut. Wie uns die Psychologen sagen, ist man so, wie man meint, daß man sei. Können Sie sich etwas Geisterfüllteres oder Göttlicheres vorstellen als das? Daß man das Gute in jemand sieht, ihm dies zu verstehen gibt, und er sich dadurch ändert. Er wird neu erschaffen. »Wer liebt, erschafft die Liebe.« Man sieht die Schönheit, und indem man sie sieht, kommt sie zum Vorschein.

Pater Flanagan wurde immer wieder nach dem Grund seines Erfolges gefragt. Er antwortete nie auf diese Frage, denn das Prinzip, dem er folgte, war: »So etwas wie böse Kinder gibt es nicht.« Pater Flanagan sah das Gute und ließ das Gute in jedem Kind, das er bei sich aufnahm, gedeihen und blühen. Er erschuf das Gute.

Als das möchte ich Ihnen die Liebe nahebringen, oder besser gesagt einen Aspekt der Liebe. Hätten Sie nicht auch gerne ein bißchen eine Sicht der Dinge wie Pater Flanagan? Ich bin mir sicher, daß Sie alle sein möchten wie er, denn wir alle möchten lieben.

Wenn Sie zu dieser Sichtweise gelangen wollen, müssen Sie in die Schule der Liebe gehen. Sie können dies auf dem Weg von Übungen tun, die nicht sehr schwierig, aber auch nicht gerade einfach sind.

Was sind das für Übungen? Beginnen Sie so: Denken Sie an jemanden, den Sie innig lieben. Stellen Sie sich vor, er oder sie sitzt vor Ihnen, Sie sprechen liebevoll mit ihm. Sagen Sie ihm, was er für Sie und für Ihr Leben bedeutet, in das er getreten ist. Währenddessen machen Sie sich bewußt, was Sie fühlen. Wenn Sie sich richtig in Feuer geredet haben, gehen sie zu der nächsten Übung über:

Denken Sie an jemanden, den Sie nicht mögen. Sie stehen vor ihm, schauen ihn an und versuchen, irgendetwas Gutes an ihm zu entdecken. Bemühen Sie sich, das Gute zu sehen. Sollte es Ihnen schwerfallen, dann stellen Sie sich vor, Jesus steht neben Ihnen und blickt diesen Menschen an. Er wird Ihr Lehrer in der Kunst des Schauens werden, in der Kunst des Liebens. Was ist da zu sehen? Welches Gute, welches

Schöne ist in diesem Menschen zu entdecken? Wenn Jesus wieder auf die Welt käme, was glauben Sie wohl, wäre das erste, was ihm an der Menschheit auffiele? Das viele Gute, das Vertrauen, die Aufrichtigkeit reiner Liebe. Es gibt unter den Menschen unermeßlich viel Gutes. Er würde es sofort bemerken, denn ein guter Mensch sieht überall das Gute. Ein schlechter Mensch sieht das Schlechte, denn man sieht sich selbst in den anderen, oder etwa nicht? Ein Spiegelbild seiner selbst. Stellen Sie sich Jesus vor, wie er Sie ansieht. Was sieht er?

Kommen wir zur dritten Übung, die die schwierigste sein dürfte. Doch wenn Sie wirklich lieben wollen, müssen Sie sie machen. Stellen Sie sich Jesus vor, hier, genau vor Ihnen. Er spricht zu Ihnen über all das Gute, Schöne und über die vielen guten Eigenschaften, die er in Ihnen erkennen kann. Wenn Sie so sind wie die meisten, werden Sie jetzt wahrscheinlich anfangen, sich selbst aller möglichen Schwächen und Sünden zu bezichtigen, und Jesus wird das akzeptieren. Denn Jesus ist keineswegs blauäugig. Wenn er das Böse sah, nannte er es auch beim Namen und verurteilte es. Doch niemals verurteilte er den Sünder, auch wenn er die Sünde verurteilte. Denken Sie daran, wie er in der Bibel die Dirne ansah, den Dieb, den verhärmten Steuereintreiber, sogar die Pharisäer und seine eigenen Peiniger. Da steht er vor Ihnen! Und Sie bezichtigen sich Ihrer vielen Sünden, und er akzeptiert sie, gibt zu, daß Sie all diese Schwächen haben. Doch er versteht, macht Zugeständnisse. Die Schwächen beeinträchtigen nicht das Gute und das Schöne, das er in Ihnen sieht. Das ist nicht schwer zu verstehen. Denken Sie an sich selbst. Denken Sie an jemanden, den Sie lieben. Wenn Sie ihn sich wirklich anschauen, hat er Schwächen. Doch auch diese Schwächen trüben nicht die Liebe, die Sie für ihn empfinden, noch hindern sie Sie, das Gute in ihm zu sehen. Stellen Sie sich vor, daß Jesus dasselbe tut. Und erkennen Sie, was das für Sie bedeutet. Akzeptieren Sie die Liebe Jesu und derer, die ihn lieben.

Als Jesus zum ersten Mal Simon Petrus begegnete, sah er – wie die Bibel berichtet – in diesem Menschen etwas, von dessen Vorhandensein niemand etwas geahnt hatte. Und er nannte ihn Petrus, den Felsen. Dadurch änderte sich Petrus. Stellen Sie sich nun vor, Jesus stehe vor Ihnen. Welchen Namen würde er Ihnen geben?

Bevor wir einen anderen Aspekt der Liebe betrachten, möchte ich Ihnen ein orientalisches Märchen erzählen. Haben Sie gewußt, wieviel Weisheit Märchen enthalten? Es ist die Geschichte vom Frosch und der Prinzessin.

Eines Tages ging die schöne Prinzessin im Wald spazieren, als sie einem Frosch begegnete. Der Frosch grüßte sie mit ausgesuchter Höflichkeit. Die Prinzessin erschrak bis ins Mark, als sie den Frosch mit menschlicher Stimme sprechen hörte.

Doch der Frosch sprach: »Ihre Königliche Hoheit, in Wahrheit bin ich gar kein Frosch. Ich bin ein Prinz. Eine böse Hexe hat mich in einen Frosch verwandelt.«

Die Prinzessin hatte ein mildes Herz und erwiderte: »Kann ich irgendetwas tun, um diesen Zauber zu brechen?«

»Ja«, antwortete der Frosch, »die Hexe sagte, daß der Bann gebrochen sei, wenn ich eine Prinzessin fände, die ich liebte, und die drei Tage und drei Nächte bei mir bliebe. Dann würde ich wieder in einen Prinzen verwandelt.«

Die Prinzessin konnte sogar schon den Prinzen in dem Frosch sehen. Sie nahm ihn mit in den Palast, worauf alle riefen: »Was für ein widerliches Geschöpf trägst du da mit dir herum?«

Doch sie entgegnete: »Nein, das ist kein widerliches Geschöpf, sondern ein Prinz!«

So behielt sie den Frosch Tag und Nacht bei sich – auch bei Tisch. Und nachts, wenn sie schlief, saß er auf ihrem

Kopfkissen. Nach drei Tagen und drei Nächten wachte sie auf und sah den schönen jungen Prinzen, der ihr voll Dankbarkeit die Hand küßte, denn sie hatte den Zauber gebrochen und ihn wieder zum Prinzen werden lassen, der er gewesen war.

Dieses Märchen ist unsere eigene Geschichte. Auf irgendeine Weise wurden wir in Frösche verwandelt und verbringen das Leben damit, nach jemandem zu suchen, der den Bann bricht und uns neu erschafft! Ist Ihr Jesus so? Ihr Gott auch? Trifft man viele Menschen wie Pater Flanagan?

Gott ist unbegreiflich. Wenn wir uns aber ein Bild von ihm machen, ist er dann mindestens so gut wie der Beste von uns allen? Könnte es sein, daß Ihr Gott sagt: »Engel! Posaunen! Hier kommt der Prinz! Hier kommt die Prinzessin!«? Behandelt er uns so? Selbst wenn er unsere Schwächen sieht? Darüber müssen Sie nachdenken, denn wir werden wie der Gott, zu dem wir beten.

Betrachten wir jetzt die Liebe als Akt der Identifikation. Die Mystiker und Dichter Indiens fragen sich immer wieder, was ein Heiliger sei und kommen dabei auf die wunderschönsten Antworten:

»Ein Heiliger ist wie eine Rose.«

Haben Sie schon einmal eine Rose sagen hören: »Ich verströme meinen Duft nur für die guten Menschen, die an mir riechen, den Bösen werde ich meinen Duft vorenthalten.«?

Nein, niemals. Es liegt in der Natur der Rose zu duften.

»Ein Heiliger ist wie eine Lampe in einem dunklen Zimmer.«

Kann eine Lampe sagen, sie leuchtet nur für die Guten, und hält ihr Licht vor den Bösen zurück?

»Ein Heiliger ist wie ein Baum, der Guten und Bösen Schatten spendet. Der Baum spendet allen seinen Schatten: sogar dem, der ihn fällt. Wenn er ein aromatisches Holz hat, wird sein Duft auf der Axt zurückbleiben.«

Meint Jesus nicht genau das, wenn er uns sagt, wir sollten barmherzig und gut sein wie der Vater im Himmel, »der seine Sonne über Gute und Böse scheinen und den Regen auf Heilige und Sünder fallen läßt«? Wie können wir je eine solche Liebe empfinden? Durch Verstehen oder durch ein mystisches Erlebnis. Was heißt das?

Ist Ihnen schon einmal durch den Kopf gegangen, daß wir Millionen, Milliarden von Menschen sind, aber nur ein einziger Christus? Der Apostel Paulus sagt, »wir sind ein Leib und ein Geist« und »als Glieder miteinander verbunden« (Eph 4,4.25). Es ist das Bild eines Körpers – meines Körpers und mir. Wir sind nicht zwei, aber auch nicht ein und dasselbe. Ich bin nicht mein Körper, doch sind wir auch nicht zwei! Und ich liebe meinen Körper! Egal ob ein Teil oder ein Organ meines Körpers krank oder gesund ist, liebe ich ihn dennoch unverändert. Es ist das Verständnis, das einigen Glücklichen geschenkt ist. Sie sind anders als die anderen, sind aber nicht losgelöst, sondern bilden einen einzigen Körper.

Ich kenne eine hinduistische Geschichte von sieben Verrückten, die einmal in ein Dorf zu einem großen Festmahl gingen. Spät nachts machten sie sich wieder auf den Heimweg, ziemlich betrunken und noch verrückter als zuvor. Als es zu regnen begann, suchten sie unter einem großen Baum Schutz. Beim Erwachen am nächsten Morgen fingen sie auf einmal ein großes Geschrei an. Da kam ein Wanderer des Weges und fragte sie:

»Was ist denn mit euch los?«

»Wir haben unter diesem Baum geschlafen, und jetzt sind alle unsere Arme und Beine durcheinander. Wir wissen gar nicht mehr, wem was gehört.«

Der Wanderer sagte: »Dem ist leicht abzuhelfen. Gebt mir mal diesen stacheligen Zweig dort!« Damit piekste er in das erstbeste Bein.

Der Besitzer schrie auf: »Au!«

»Na also«, bemerkte der Wanderer trocken, »dieses Bein gehört dir.«

Uns so fuhr er fort, in Arme und Beine zu pieksen und die Verrückten voneinander zu trennen.

Wenn sich jemand verletzt, verletzt wird, und ich sage »Au!«, ist etwas passiert. Ich habe mich mit ihm identifiziert, Liebe als Akt der Identifikation. Können wir irgendetwas tun, um diese Gabe zu erhalten? Nein, es ist eine Gabe. Alles, was wir tun können, ist, uns vorzubereiten. Sie glauben es vielleicht nicht, doch ich sagte ja, daß Sie zur Stille kämen, wenn Sie fühlen und sehen würden, oder wenn Sie fühlen würden und in Kontakt mit sich selbst träten. Dann würden die Dinge sich uns enthüllen. Alles, was wir tun können, ist, den Boden vorzubereiten. Und wenn Sie diese Übung machen, die ich Ihnen gerade nahegebracht habe, bereiten Sie den Boden für diese Gabe vor. Eines Tages, so Gott will, wird sie Ihnen gegeben werden.

Wer die hier vorgetragenen Übungen macht, wird bestimmt zu guten Ergebnissen kommen, wenngleich nur Gott die Liebe als einen Akt der Identifikation zu schenken vermag.

Gott ist der Unbegreifliche, Gott ist das große Mysterium, Gott ist Liebe. Darum haben Sie auch jedesmal, wenn Sie lieben, an der göttlichen Gnade teil.

Können Sie sich in einer Welt voller Argwohn und Bosheit einen besseren Weg zu Gott vorstellen?

Das Gebet

Eine Frage, die mir immer wieder gestellt wird, sobald man merkt, daß ich katholischer Priester bin, lautet: »Können Sie uns helfen, besser zu beten?«

So versuchte ich schließlich, mir klar zu machen: Wie können wir besser beten? Ich glaube, es ist nötig, unser Verständnis vom Beten, so wie wir es lehren und leben, neu zu überdenken. Beginnen wir damit, was Beten nicht ist. Die folgende Geschichte mag dies verdeutlichen:

Ein junger Mann besuchte einen großen Sufi-Meister und sagte zu ihm: »Meister, mein Vertrauen in Gott ist so groß, daß ich es für überflüssig hielt, mein Kamel vor der Tür anzubinden. Ich überlasse es der göttlichen Vorsehung, Gott wird schon Sorge tragen.«

Der Meister gab zurück: »Geh sofort hinaus und binde dein Kamel an, du Narr! Man muß Gott nicht mit Dingen belästigen, die man selbst erledigen kann.«

Einleuchtend, oder? Es ist wichtig, diese Einstellung im Hinterkopf zu behalten, wenn man über das Beten spricht: Gott muß nicht mit Dingen belästigt werden, die man selbst erledigen kann.

Ich erinnere mich an einen Rabbi, der Gott sein ganzes Leben lang treu und ergeben gedient hatte. Eines Tages sagte er zu Gott:

»Herr, ich habe dir immer treu gedient und das Gesetz befolgt. Ich war immer ein guter Jude, doch jetzt bin ich alt und brauche Hilfe: Herr, laß mich in der Lotterie gewinnen, damit ich auf meine alten Tage in Ruhe leben kann!«

Und er betete und betete und betete ... Es vergingen zwei Wochen, zwei Monate, drei, fünf, ein ganzes Jahr ging ins Land, schließlich drei Jahre, bis der Rabbi eines Tages verzweifelt rief: »Gott, tu doch etwas!«

Und Gott antwortete: »Tu doch selbst etwas! Warum kaufst du dir kein Los?«

Damit haben Sie eine Vorstellung davon, was Beten nicht ist.

Doch was ist Beten? Wieder möchte ich Ihnen eine Geschichte erzählen:

Es war einmal ein Mann, der erfand die Kunst des Feuermachens. Nachdem er es erfunden hatte, nahm er seine Werkzeuge und wanderte zu einem Stamm im Norden, wo die Menschen in den Bergen vor Kälte zitterten. Dort lehrte er ihnen, Feuer zu machen. Er zeigte ihnen, wozu das Feuer alles gut sein kann: zum Kochen, um sich im Winter zu wärmen und anderes mehr. Sie waren begeisterte Schüler.

Doch bevor sie dem Mann ihren Dank aussprechen konnten, zog er weiter an einen anderen Ort. Ihm lag nicht an Anerkennung oder Dank, ihm lag an ihrem Wohlergehen, denn er war ein großer Mann. Großen Menschen ist es egal, ob man sich ihrer erinnert oder ihnen dankt. Er verschwand also und ging zu einem anderen Stamm, dem er wiederum zeigte, wie nützlich die Kunst des Feuermachens ist. Auch die Menschen dieses Stammes waren begeistert, und sein Ruhm wurde immer größer.

Doch die Priester fürchteten, ihr eigenes Ansehen könnte darunter leiden, und so beschlossen sie, ihn beiseite zu schaffen und zu vergiften. Um das Volk nicht mißtrauisch zu machen, ersannen sie eine List: sie fertigten ein Bild des Mannes und stellten es auf den größten Altar des Tempels, die Werkzeuge zum Feuermachen davor. Das Volk wurde geheißen, das Bild zu verehren und sich vor dem Werkzeug zu verbeugen. Mit der Zeit entwickelten die Priester ein ganzes Ritual und eine Liturgie zur Verehrung der Werkzeuge und des großen Erfinders des Feuers. Verehrung und Kult dauerten fort, Jahrzehnt über Jahrzehnt, Jahrhundert über Jahrhundert, aber das Feuer gab es nicht mehr.

Wo ist das Gebet? Im Feuer! Wo ist das Feuer? Im Gebet! Genau dort ist es! Alles, was Sie tun, um das Feuer zu finden, ist beten. Man betet wochenlang, monatelang, jahrelang, und das Feuer bleibt aus. Das ist kein Beten. Viel guter Wille, doch kein Beten.

»Was nennt ihr mich Herr, Herr!, und tut nicht, was ich euch sage? Und ihr werdet euch bekehren und sagen: Herr, wir haben in deinem Namen Wunder vollbracht. Und ich werde sagen: Ist mir nicht bekannt, interessiert mich nicht!«

Merkwürdig, Jesus war weniger interessiert am »Herr, Herr« als wir. Ihm lag mehr am »Weil ihr nicht tut, was ich euch sage«. Doch man muß damit vorsichtig sein. Glauben Sie ja nicht, daß gute Taten automatisch Beten seien. »Wenn ich meine ganze Habe verschenkte, und wenn ich mein Leib dem Feuer übergäbe, hätte aber die Liebe nicht, nützte es mir nicht« (1 Kor 13,3).

Die Taten für sich genommen bilden noch nicht den eigentlichen Wert. Einige gute Taten sind wirklich gut, andere sind oberflächlich. Meister Eckhart, der große deutsche Mystiker, sagt: »Nicht durch deine Taten wirst du gerettet werden, sondern durch dein Sein. Nicht nach dem, was du tust, sondern nach dem, was du bist, wirst du gerichtet werden.«

Das Sein ist es, was verändert werden muß, darin ist das Feuer! Wie läßt sich das Sein verändern? Was ist zu tun? Nichts! Um das Sein zu ändern, müssen Sie sehen. Etwas sehen, das es verändert. Niemand ändert sich durch bloße Arbeit. Sie mögen viele Dinge reparieren können, was eine große Gabe ist, doch wenn Sie versuchen, Menschen zu reparieren, werden Sie wahrscheinlich auf Probleme stoßen. Sie müssen nicht nichts tun; Sie müssen die Dinge auf eine andere Weise sehen. Die Veränderung kommt mit dem Sehen. Die Metanoia, die Umkehr, die Reue, denn das Reich Gottes ist gekommen! Reue heißt nicht, wegen seiner Sünden in Tränen auszubrechen; Reue bedeutet vielmehr, alles mit anderen Augen zu sehen; andere Vorstellungen, ein verändertes Herz.

Wie jener Mann, der zu seiner Frau sagte: »Ich habe meine Meinung geändert. Ich sehe das jetzt mit anderen Augen!«

Und Sie: »Gottseidank! Hoffentlich funktionieren die jetzt besser!«

Genau das ist es! Im wahrsten Sinne des Wortes »andere Augen«, eine neue Art und Weise, die Dinge zu sehen. Eine neue Art und Weise, alles zu sehen. Das ist die Veränderung, von der wir hier sprechen.

Wenn dies geschieht, ändern Sie sich, Ihre Taten ändern sich, und Ihr Leben auch. Das ist das Feuer! Was ist nötig, um die Dinge auf eine neue Art und Weise zu sehen? Man braucht keine Kraft, man muß nicht irgendwie nützlich sein, man braucht kein Selbstvertrauen, keine Willenskraft, keine Anstrengung. Man braucht nur den guten Willen, das Ungewöhnliche zu sehen; den guten Willen, etwas Neues zu sehen. Und das ist das Letzte, was der Menssch will. Die Menschen wollen nichts anderes sehen als das, was sie schon immer gesehen haben. Darum hatte es Jesus auch so schwer, als er den Menschen die Frohe Botschaft verkündete. Nicht nur, weil sie froh war. Die Menschen hören nicht gerne gute Dinge, sie wollen leiden, wollen sich schlecht fühlen, wollen nicht wissen. Unbewußt wollen die Menschen Leid produzieren. Ihnen gefällt der frohe Teil der Frohen Botschaft nicht. Ihnen gefällt die Botschaft der Frohen Botschaft nicht!

Sind Sie dazu bereit, die Dinge auf andere Art und Weise zu sehen? Dann geben Sie acht: akzeptieren Sie nicht alles, was ich sage, nur weil ich es sage. Davon haben Sie nichts. Schlucken Sie nicht einfach, was ich sage. Ich habe mir einen Ausspruch Buddhas gemerkt, der mir wichtig erscheint:

»Mönche und Schüler dürfen meine Worte nicht aus purem Respekt akzeptieren.«

Gehen Sie mit ihnen um wie der Goldschmied mit dem Gold: er poliert, feilt, sägt, legiert. So muß man es machen. Man muß offen bleiben, empfänglich, immer bereit zu hinterfragen, selbständig zu denken. Das Gegenteil davon ist, in Unbeweglichkeit zu verfallen, in geistige Trägheit. Das wollen wir nicht.

Leiden Sie? Haben Sie Probleme? Verabscheuen Sie jede Minute Ihres Lebens?

Haben Ihnen die letzten drei Stunden gefallen, jede Sekunde der letzten drei Stunden? Ist die Antwort nein, ist die Antwort, daß Sie leiden, sich beunruhigen, haben Sie wirklich Probleme. Irgendetwas stimmt dann mit Ihnen nicht, wirklich nicht. Sie schlafen, Sie sind tot.

Ich könnte wetten, daß die meisten von Ihnen noch nie so etwas gehört haben. Im allgemeinen sagt man, daß es nur normal sei, Probleme zu haben, daß Leiden menschlich sei. In diesem Fall ist es besser, Ihnen einmal zu erklären, was Leiden überhaupt ist. Sie können Schmerzen haben und leiden oder Schmerzen haben und nicht leiden.

Ein Meister wurde von seinem Schüler gefragt: »Was hat dir die Erleuchtung gebracht?«

Der Meister antwortete: »Bevor ich erleuchtet war, war ich oft betrübt; nachdem ich nun erleuchtet wurde, bin ich immer noch betrübt.«

Doch es gibt einen großen Unterschied. Leiden bedeutet, sich vom Kummer nicht aus dem Gleichgewicht bringen zu lassen. Das ist Leiden. Leiden heißt, sich von Schmerz, Niedergeschlagenheit und Angst aus dem Gleichgewicht bringen zu lassen.

Indem wir Beten lernen, werden Kummer und Sorge nicht zum Verschwinden gebracht. Sie werden wie vorüberziehende Wolken am Himmel sein, und Sie identifizieren sich mit den Wolken. Doch können Sie auch der Himmel sein und die Wolken ziehen lassen. Und sie kommen und gehen nach wie vor: »Bevor ich erleuchtet wurde, war ich oft betrübt, und danach bin ich es auch noch.«

Woher meinen Sie, kommen Kummer und Leid? Manche sagen, sie kommen vom Leben. Das Leben ist hart, das Leben ist ungerecht. Die Chinesen haben ein schönes Sprichwort: »Im ganzen Universum gibt es nichts, was so grausam wäre wie die Natur. Man kann ihr nicht entkommen. Aber nicht die Natur verursacht Katastrophen, es ist das Herz des Menschen, dem das Gefühl entspringt.« Das Leben ist nicht schwer, Sie machen es sich schwer.

Jemand erzählte mir einmal in New York, daß ein afrikanischer Stamm keine Mittel und Wege wußte, ein Todesurteil zu vollstrecken. Wissen Sie, was man tat? Die Verurteilten wurden verdammt, verbannt, ausgestoßen. Und nach einer Woche waren sie tot, einfach tot. Sie werden sagen: »Sie haben sie getötet! Das Urteil der Verbannung hat sie umgebracht!«

Keineswegs. Wissen Sie, weshalb nicht? Wenn Sie oder ich verbannt würden, litten wir ein bißchen darunter, aber sterben würden wir deswegen nicht. Haben sich die afrikanischen Stammesangehörigen dann selbst umgebracht? Nein – die Art und Weise, wie sie als Ausgestoßene lebten, hat sie umgebracht.

Haben Sie schon einmal von Studenten gehört, die Prüfungen so ernst nehmen, daß sie Selbstmord begehen, wenn sie sie nicht bestehen? Wenn Sie oder ich durch eine Prüfung fielen, würden wir keinen Selbstmord begehen. Was glauben Sie, bringt die jungen Leute um? Die nicht bestandene Prüfung? Nein: ihre Reaktion auf die nicht bestandene Prüfung.

Wenn Sie ein Picknick geplant haben und es regnet, was verursacht bei Ihnen das negative Gefühl? Der Regen oder

Ihre eigene Reaktion? Das eigene Bewußtsein ruft den Schock bei denen hervor, die jahrzehntelang gebetet, sich aber solche Zusammenhänge nie klar gemacht haben. Hierin liegt eines der Risiken des Betens: es kann verhindern, daß Sie jemals auf das Feuer stoßen.

Denken Sie nun an etwas, worüber Sie sich in den letzten Tagen geärgert haben; oder an etwas, was Sie in der letzten Zeit beunruhigt hat. Denken Sie einmal nach! Und versuchen Sie zu verstehen, daß die Unruhe nicht von außen kommt, vom Ereignis, von den Dingen. Zum Beispiel von der Tatsache, daß jemand gestorben ist, daß Sie einen Fehler gamcht haben, daß Sie einen Autounfall hatten, den Arbeitsplatz verloren haben oder Geld. Von daher kommt gar nichts. Vielmehr daher, wie Sie mit dem Ereignis, mit den anderen Menschen oder Dingen umgehen, die Sie ärgern und durcheinanderbringen. Ein anderer wäre an Ihrer Stelle höchstwahrscheinlich gar nicht beunruhigt. Sie sind es aber, weshalb nur? Wir müssen etwas für Sie tun. Jedoch nichts mit der Wirklichkeit. Wenngleich die meisten ihr Leben dafür gäben, um die Wirklichkeit zu ändern.

Als ich einmal in Saint-Louis war, kam ein Priester zu mir und erzählte von einem Freund, der mit Aids infiziert worden war. Etwas Merkwürdiges sei mit seinem Freund geschehen. Er hatte nämlich gesagt: »Ich begann erst zu leben, als mir der Arzt sagte, ich hätte Aids und würde bald sterben.« Glauben Sie das? Der Priester erzählte weiter: »Ich kenne gut dreißig Leute in derselben Situation, und zwölf bis fünfzehn sagten in etwa dasselbe.«

Wie kommt es, daß man so unterschiedlich auf denselben Reiz reagieren kann? Es liegt an Ihrer Programmierung. Hat jemand nicht gehalten, was er versprochen hatte, hat Sie jemand zurückgewiesen, hat Sie jemand verlassen? Nein. Noch nie hat Sie jemand in Ihrem ganzen Leben verletzt. Kein Vorkommnis hat Sie je verärgert. Sie selbst haben das getan. Im Grunde waren Sie es aber gar nicht selbst, denn niemand tut so etwas freiwillig. Ihre Beeinflussung, Ihre Programmierung führten dazu; die Art und Weise, wie Sie die Dinge und das Leben sehen. Genau das ist es, was Sie ändern müssen: Ihre »Augen«, Ihr Sehen.

Machen wir dazu einen weiteren Test: Denken Sie an ein Problem, das Sie mit jemandem haben. Ganz egal mit wem. Sie halten diese bestimmte Person zum Beispiel für nicht vertrauenswürdig, für lästig, faul, launisch, eben für verachtenswert.

Sollten Sie Schwierigkeiten mit Ihren Mitmenschen haben, dann machen Sie sich auf einen Schock gefaßt: mit Ihnen selbst stimmt etwas nicht. Es gibt keine Schwierigkeiten im Umgang mit anderen. Wenn Sie sich selbst ändern, ändert sich auch alles andere. Wenn Sie loslassen können, werden sich die Menschen ändern. Sie sehen die anderen nicht so, wie sie sind, sondern so, wie Sie selbst sind! Wenn mich jemand ärgert, mir auf die Nerven geht, stimmt etwas mit mir nicht. Ich muß mich ändern. Wie kann ich jemandem soviel Macht über mich geben, daß er mich ärgern kann? Wie kann ich jemandem die Macht geben zu entscheiden, ob ich fröhlich oder traurig bin? Wenn ich jemandem soviel Macht verleihe, muß ich auch die Konsequenzen tragen. »In der Natur gibt es weder Belohnungen noch Strafen, nur Konsequenzen.« An mir liegt es, zu wachsen und mich ihnen zu stellen.

Darüber hinaus braucht man auch Mut, sich nicht manipulieren zu lassen. Man hat Angst, nein zu sagen, Angst, jemanden auf sein eigenes Leben zu verweisen: »Lebe du dein Leben und laß mich meines leben!«

Unser Glück gründet nie auf etwas Bestimmtem. Wahres Glück hat keine Ursache. Was sagen Sie nun? Wenn Sie jemand glücklich macht, oder Ihr Beruf Sie glücklich macht, geht es dabei nicht wirklich um Glück, sondern um die Erfüllung eines Wunsches: Ich möchte irgendetwas, nehme einen Anlauf, schaffe es, bin begeistert, mache weiter bis zum Schluß, fühle mich belohnt, es macht mir Spaß, schließlich werde ich dessen müde. Wenn ich es nicht schaffe, werde ich unruhig. Das ist kein Glück! Das sind Gefühle. Erfüllung eines Wunsches.

Manchmal meine ich, fast die ganze Welt ist auf Unglücklichsein vorprogrammiert. Die meisten sind einfach unfähig, nicht unglücklich zu sein; ihr Leben ist ein ewiges Auf und Ab, wie ein Pendel, und sie leiden. Ich sage es noch einmal: Glück hat keine Ursache. Wenn Sie nichts und niemand verletzen kann, kein Mensch und kein Vorkommnis, dann sind Sie glücklich.

Was kann man tun, um glücklich zu sein? Nichts! Man kann nichts tun, braucht nichts zusätzliches; man muß etwas lassen: Ihre Illusionen, Ihre Ambitionen, Ihre Sehnsüchte. Wie läßt man von denen? Indem man erkennt, daß sie falsch sind.

Erinnern Sie sich an den afrikanischen Stamm, von dem ich schon erzählte? Wieso die Ausgestoßenen starben? Weil sie ausgestoßen wurden? Weil sie der Wirklichkeit etwas hinzugefügt haben, etwas aus vorgegebenen Denkmustern. Die Ursache Ihres Unglückes ist etwas, was Sie hinzugefügt haben. Diese Hinzufügung ist das Verhängnis. Wie können Sie sich heilen? Lassen Sie ab von Ihrer Krankheit und werden Sie gesund! Gesundheit ist nur die Abwesenheit von Krankheit.

»Ist das Auge nicht versperrt, kann man sehen, ist das Ohr nicht versperrt, kann man hören, ist die Zunge nicht versperrt, kann man schmecken. Ist der Geist nicht versperrt, kommen Weisheit und Glück.« Wenn Sie von den Illusionen lassen können, sind Sie glücklich.

Ich habe schon Schwerkranke gesehen, Krebskranke, die große Schmerzen erleiden mußten und glücklich waren!

Wirklich gücklich! Sie litten nicht, denn Leiden bedeutet Kampf. Leiden bedeutet zu fragen: »Wie lange soll das noch dauern?«

Soll ich Ihnen noch ein anderes Geheimnis verraten? Der gegenwärtige Augenblick ist nie unerträglich, vielmehr das, was Sie in den nächsten vier Stunden über sich hereinbrechen sehen. Mit dem Körper hier zu sein, um acht Uhr abends, und in Gedanken auf halb elf zu stehen, das bringt die Probleme. Mit dem Körper in São Paulo und mit den Gedanken in Manaus zu sein, das verursacht das Leiden.

Also, binden Sie das Kamel an, Sie Narr. Man muß Gott nicht mit Kleinigkeiten belästigen, die man selbst erledigen kann.

Beten ist Feuer! Feuer, das Veränderung bedeutet, die daher rührt, daß man eine Illusion erkennt und von ihr läßt.

Stellen Sie sich vor, Sie sind bei einem Konzert und hören die wunderbarste Musik. Auf einmal fällt Ihnen ein, daß Sie vergessen haben, den Wagen abzuschließen. Sie werden unruhig. Sie können weder hinausgehen, um abzuschließen, noch können Sie sich mehr auf die Musik konzentrieren. Und vorbei ist es mit dem Kunstgenuß. Sie sitzen in der Zwickmühle. Eine perfekte Momentaufnahme vom Leben der meisten Menschen!

Lassen Sie mich dieses Bild mit einer japanischen Erzählung noch etwas ausmalen. Sie handelt von einem Jungen, der vor einem Tiger flüchtete. Er erreichte einen Abhang, kam ins Rutschen, konnte sich aber gerade noch am Ast eines Baumes, der am Steilhang wuchs, festhalten. Der Junge schaute nach oben und sah den Tiger, der ihn über den Rand des Abgrunds fixierte. Er schaute hinab und blickte in eine zweitausend Meter tiefe Schlucht. Neben ihm wuchs ein Strauch voller reifer Beeren. Er pflückte eine, steckte sie in den Mund und genoß ihren süßen Saft. Hier lernte er, jeden einzelnen Augenblick des Lebens für sich zu leben – die einzige Art zu leben. Doch das mag wie ein unmögliches »fiat« klingen.

Eine Geschichte erzählt, wie die Südafrikanischen Diamantminen entdeckt worden sein sollen. Ein Reisender saß auf den Treppenstufen vor der Hütte des Dorfältesten. Müßig schaute er den Kindern zu, wie sie mit kleinen Steinchen spielten, die aussahen wie Murmeln. Er bat ein Kind um eine Murmel, besah sie sich, und ihn traf fast der Schlag vor Freude! Das Steinchen war nämlich ein Diamant. Er sagte zum Dorfältesten: »Meine Kinder spielen auch mit solchen kleinen Steinchen. Bei uns heißen sie Murmeln. Könnte ich vielleicht welche mit nach Hause nehmen? Ich gebe Ihnen dafür auch Tabak.«

Der Dorfälteste erwiderte: »Solche Steinchen haben wir millionenweise. Es wäre Diebstahl, wollte ich dafür Tabak annehmen. Ich danke Ihnen aber für alles, was Sie mir geben mögen.«

Der Mann gab ihm also Tabak, kehrte nach Hause zurück und verkaufte die Diamanten. Es dauerte nicht lange, bis er wiederkam, alle Grundstücke im Umkreis kaufte und einer der reichsten Männer der Welt wurde.

Der springende Punkt bei dieser Geschichte ist: diese Leute verschenkten einen Schatz, ohne es zu wissen. Das ist ein anderes Bild vom Leben. Das Leben ist ein Festmahl, das sich die meisten vorenthalten. Den Schatz entdecken sie nie.

In der rechten Weise und mit dem richtigen Verständnis zu beten macht reich und führt dazu, daß Dinge ihre Bedeutung verlieren. »Das Leben ist etwas, was uns widerfährt, während wir mit etwas anderem beschäftigt sind.« Wir beschäftigen uns damit, andere möglichst zu beeindrucken. Wir beschäftigen uns damit, olympische Siege zu erringen, Erfolg zu haben. Und dabei geht das Leben an uns vorbei.

Wir haben etwas Wertvolles in uns. Eine wertvolle Perle,

einen Schatz. Das Königreich Gottes ist in uns. Doch müssen wir es auch entdecken. »Die große Tragik des Lebens besteht nicht darin, wieviel wir erleiden, sondern darin, wieviel wir verlieren.«

»Der Mensch wird schlafend geboren, lebt im Schlaf und stirbt im Schlaf.«

Vielleicht kommt man nicht schlafend zur Welt, sondern wach. Doch sobald der Verstand zu arbeiten beginnt, fällt man in Schlaf... Man bekommt seine Kinder im Schlaf, wickelt im Schlaf große Geschäfte ab, kommt im Schlaf an die Regierung, stirbt im Schlaf, ohne jemals wach geworden zu sein. Spiritualität bedeutet, wach zu werden. Die meisten leben in trunkener Taubheit, als seien sie hypnotisiert oder stünden unter Drogen. Sie wissen nicht, was sie verlieren. Wie kommt man da heraus? Wie wird man wach? Wie können Sie wissen, ob Sie schlafen?

Wenn die Mystiker um sich blicken, entdecken sie eine große Freude, die dem Herzen der Dinge entströmt. Einstimmig sprechen sie von dieser Freude und der Liebe, die überall strömt. Und mögen Sie auch Schmerzen haben, oder das, was wir Leiden nennen, ist doch diese grenzenlose Freude da, die nichts beeinträchtigen oder gar nehmen kann.

Wie gelangt man dahin? Durch Verstehen. Durch Loslassen Ihrer Anhänglichkeiten, Abwerfen der Fesseln Ihrer Illusionen und falschen Vorstellungen. Davon müssen wir lassen, denn es ist sinnlos, zu Gott zu sagen: »Gib mir! Gib mir! Gib mir!« Binden Sie Ihr Kamel an! Man muß Gott nicht mit Dingen belästigen, die man selbst erledigen kann.

Es war einmal ein Mann, dessen Bart Feuer gefangen hatte. Die Leute riefen ihm aufgeregt zu: »Ihr Bart steht in Flammen!«

Er antwortete: »Sehen Sie nicht, daß ich um Regen bete? Ich tue doch etwas!«

Sie sagen: »Herr, laß mich sehen«, und lassen doch die Augen geschlossen. Verstehen, Wachheit, Bereitschaft zu sehen. Das ist Beten. Wenn ich von Beten spreche, spreche ich nicht vom »Herr, Herr«, sondern vom »Tut, was ich euch sage«. Das ist das Beten, von dem ich sprach, sehen Sie?

Es gibt zwei Arten des Betens: das »Herr, Herr« und etwas wesentlich Besseres: »Tut, was ich euch sage«. Manche tun auch, was er uns sagt, ohne auch nur ein einziges Mal zu sagen »Herr, Herr«, und ohne je etwas vom Herrn gehört zu haben. Manche schwelgen in »Herr, Herr«, beten Tag und Nacht, und laufen dabei doch Gefahr, hören zu müssen: »Kenne ich nicht«. »Tut, was ich euch sage«. Das ist die Liebe zu Gott. Dann werden Sie wissen, wer Gott ist. Dann werden Sie wissen, was die Wirklichkeit ist.

Befreiung

Stellen Sie sich einmal ein kleines Kind vor, das eine Droge probieren darf. Es wächst heran, und im Laufe der Zeit wird es süchtig. Der Körper schreit nach der Droge. Ohne sie zu leben, ist so schmerzhaft, daß es lieber sterben möchte.

Sie und ich sind wie dieses Kind; wir hängen von der Droge »Zustimmung«, »Wertschätzung«, »Erfolg«, »Akzeptiertsein«, »Beliebtsein« ab. Haben Sie die Droge einmal in sich, kann die Gesellschaft Sie kontrollieren, und Sie sind zum Roboter geworden.

Möchten Sie einmal sehen, wie die Menschen sich zu Robotern machen? Hören Sie zu: »Oh, sehen Sie aber gut aus!« Und schon wirft sich der Roboter stolz in die Brust. Ich drücke auf den Knopf »Zustimmung«, und der Roboter wird zehn Zentimeter größer. Ich drücke auf den Knopf »Kritik«, und er ist am Boden zerstört. Das ist die totale Kontrolle. Wir alle sind von ihr betroffen, sind sehr leicht kontrollierbar. Und ist die Kontrolle nicht mehr da, erschrecken wir, bekommen Angst, Fehler zu machen und von den anderen ausgelacht zu werden.

Bei einem Besuch bei Freunden kam einmal deren kleines Mädchen von drei Jahren zu uns an den Tisch. Wir gaben uns lachend die Hand, doch sie dachte, wir hätten über sie gelacht und verschwand sofort wieder. Ihre Mutter versuchte, sie zurückzuholen, aber sie wollte nicht und wehrte sich. Sie blieb dabei: wir hätten sie ausgelacht. Ich dachte mir: »Kaum drei Jahre alt, und schon haben wir aus ihr ein kleines Äffchen gemacht. Jemand hat ihr das beigebracht: klatscht man ihr Beifall, hat sie sich gut zu fühlen, macht man «Buh», hat sie sich schlecht zu fühlen. Hat man einmal diese Droge genommen, gibt es kein Entrinnen mehr.«

Meinen Sie, Jesus ließ sich davon kontrollieren, was andere von ihm dachten oder sagten? Wer aufgewacht ist, braucht diese Droge nicht.

Wenn Sie einen Fehler gemacht haben oder zurückgewiesen werden, empfinden Sie eine schreckliche Leere. In dieser Einsamkeit schleppen Sie sich dahin und betteln um die Droge »Ermutigung« oder »Akzeptiertsein« und werden nach wie vor kontrolliert. Gibt es einen Ausweg? Eine Folge dieser Droge ist, daß Sie die Fähigkeit verloren haben zu lieben. Wissen Sie weshalb? Weil Sie die Menschen nicht mehr sehen können. Sie registrieren nur noch, ob man Sie akzeptiert und ob man Ihnen zustimmt. Sie unterscheiden die Menschen nach den Kategorien: gefährlich oder förderlich für Ihre Droge.

Nehmen Sie einmal einen Politiker. Oft sehen Politiker die Menschen überhaupt nicht. Sie sehen Wählerstimmen, und sind sie für sie weder von Vorteil noch von Nachteil, fallen sie ihnen nicht einmal weiter auf. Nicht anders ist es bei manchen Geschäftsleuten, die nur den Gewinn sehen, nicht die Menschen.

Stehen wir unter dem Einfluß der Droge, sind wir nicht anders. Wie soll man etwas lieben, was man nicht einmal sieht?

Möchten Sie sich von der Droge befreien? Dann müssen Sie Ihren Organismus aus diesen Fangarmen lösen. Sie sind schon tief in Sie eingedrungen. Das ist die Kontrolle, die die Gesellschaft über Sie ausübt. Wenn Sie in der Lage sind, das auszuhalten, ist das egal, aber Sie müssen sich davon losmachen. Sie werden in der Welt sein, aber nicht mehr von dieser Welt sein. Und das ist sehr schwer – so als würde man von einem Süchtigen verlangen: »Genieße doch ein gutes und nahrhaftes Essen, frisches Wasser aus dem Bergbach und die herrliche Morgenluft! Laß deine Droge Droge sein!« Der Süchtige wird nicht einmal verstehen, wovon Sie sprechen, weil er ohne die Droge nicht leben kann.

Wie kommt man davon weg? Man muß sich dem Schrekken stellen. Sie müssen verstehen lernen, wieso Sie nicht ohne das Plazet der anderen leben können. Möchten Sie die Menschen lieben? Dann sterben Sie für sie. Sterben Sie für Ihr Bedürfnis nach Menschen. Verstehen Sie, was die Droge aus Ihnen macht.

Haben Sie Geduld mit sich selbst. Nennen Sie die Droge beim Namen, sie ist ein künstliches Aufputschmittel. Möchten Sie wirklich gerne leben? Genießen Sie Ihre Sinne, Ihren Geist. Lernen Sie Ihre Arbeit schätzen, die Natur, erleben Sie die Berge und den Wald, eine sternenklare Nacht. Meiden Sie große Menschenansammlungen. Lernen Sie, allein zu sein. In der Einsamkeit wird die Liebe entstehen. Der Weg zum Land der Liebe führt durch das Land des Todes. Und Sie werden verstehen, daß Ihr Herz Sie in eine große Wüste geführt hat. Sie werden zunächst einsam sein, denn Sie sind es nicht gewohnt, andere zu mögen, ohne von ihnen abhängig zu sein.

Schließlich werden Sie sie sehen können, Sie werden erkennen, daß sich die Wüste mit einem Mal in Liebe verwandelt. Und Ihr Herz wird von Musik erfüllt sein. Es wird für immer Frühling sein. Geben Sie sich selbst die angemessene Nahrung. Nennen Sie die Droge beim Namen, und haben Sie Geduld, so wie Sie Geduld mit einem Suchtkranken hätten. Wie kraftvoll wird dann dieses Gebet sein.

Denken Sie an jemanden, dessen Zustimmung Sie Ihrer Meinung nach benötigen, dessen Zustimmung Ihnen gut täte. Versuchen Sie zu verstehen, wie Sie gegenüber diesem Menschen Ihre Freiheit verloren haben. Denken Sie an jemanden, den Sie brauchen, um Ihnen den Schmerz der Einsamkeit zu erleichtern. Machen Sie sich klar, wie Sie gegenüber diesem Menschen Ihre Freiheit verloren haben. Sie sind nicht frei! Sie wagen es nicht, Sie selbst zu sein!

Sie müssen niemanden beeindrucken, nie wieder. Sie fühlen sich in der Welt einfach wohl, Sie verlangen von niemandem mehr etwas. Wenn Ihre Wünsche nicht erfüllt werden, macht Sie das nicht unglücklich.

Wenn Sie sich vor niemandem mehr verteidigen müssen, fühlen Sie sich auch nicht mehr dazu gezwungen, sich zu entschuldigen. Noch nicht einmal, sich zu erklären. Sie müssen niemand mehr beeindrucken. Sie belasten sich nicht damit, was andere sagen oder denken. Es macht Ihnen nichts aus, es trifft Sie nicht. Dann wird die Liebe beginnen. Aber erst dann.

Wenn ich dich brauche, kann ich dich nicht lieben.

»Und wenn ihr nur eure Brüder grüßt, was tut ihr damit Besonderes? Wenn ihr nur die liebt, die euch lieben? Ihr sollt vollkommene Liebe sein, wie auch euer Vater im Himmel vollkommene Liebe ist... Denn er läßt seine Sonne aufgehen über Guten und Bösen, und er läßt regnen über Gerechte und Ungerechte.«

Spiritualität

Spiritualität, geistliches Leben, heißt Wachsein, heißt, sich von Illusionen zu lösen. Spiritualität bedeutet, nie der Willkür eines bestimmten Geschehens, einer Sache oder eines Menschen ausgeliefert zu sein. Spiritualität ist, die Goldmine in sich selbst gefunden zu haben. Die Religion soll Sie dahin führen.

»Was nützt es einem Menschen, wenn er die Welt gewinnt, dabei aber sein Leben einbüßt?« (Mt 16,26). Stellen Sie sich einmal vor, was für ein Gefühl in Ihnen aufsteigt, wenn Sie die Sonne im Meer versinken oder den Mond hinter den Bäumen aufgehen sehen. Vergleichen Sie es mit dem Gefühl, das Sie ergriff, als Sie gelobt wurden, Beifall und Zustimmung erhielten. Das erste ist ein »seelisches Gefühl«, ein Seligsein, das zweite ein »weltliches Gefühl«.

Stellen Sie sich einmal vor, was für ein Gefühl Sie beherrscht, wenn Sie einen Erfolg errungen, ein Ziel erreicht haben, wenn Sie der Erste geworden sind, ein Spiel, eine Wette gewonnen oder das schlagende Argument in die Debatte geworfen haben. Spüren Sie den Unterschied zwischen diesen weltlichen Gefühlen und den seelischen Gefühlen, die einen erfüllen, wenn man etwas tut, was man liebt, wenn man sich in sein Hobby vertieft, in die Lektüre eines Buches, einen Film sieht.

Und noch ein Vergleich: erinnern Sie sich daran, wie Sie sich fühlten, als Sie Macht ausüben konnten, als Sie der Chef waren, als alle zu Ihnen aufschauten und das taten, was Sie wünschten. Was für Gefühle waren das? Weltliche Gefühle. Vergleichen Sie diese mit dem Gefühl der Vertrautheit, der Nähe, der Zusammengehörigkeit, als Sie mit Freunden zusammensaßen, Spaß hatten, lachten – seelische Gefühle.

Weltliche Gefühle sind keine natürlichen Gefühle. Ihre

und meine Gesellschaft hat sie erfunden, um uns anzustacheln und zu kontrollieren. Diese Gefühle machen einen nicht wirklich glücklich, sondern erregt, leer und ängstlich.

Denken Sie an Ihr eigenes Leben. Gab es einen einzigen Tag, an dem Sie sich nicht, bewußt oder unbewußt, danach richteten, was die anderen von Ihnen dachten, meinten oder sagten? Ihre Schritte werden von ihnen kontrolliert; Sie tanzen nach der Pfeife anderer Leute. Schauen Sie sich um. Sehen Sie jemanden, der oder die nicht von diesen Gefühlen kontrolliert würde, sich von diesen weltlichen Gefühlen befreit hätte? Überall begegnen Sie Menschen, die den weltlichen Gefühlen versklavt sind und ein leeres, seelenloses Leben leben. Sie haben die Welt gewonnen, aber die Seele verloren.

Eine Gruppe Touristen fuhr durch eine wunderschöne Gegend. Doch die Vorhänge des Zuges waren zugezogen, so daß keiner der Reisenden die geringste Ahnung hatte, wie es draußen aussah. Sie waren die ganze Zeit damit beschäftigt, darüber zu debattieren, wer auf den Ehrenplatz dürfte, wem diese Ehre nun zustände, wer der Beste sei, wer der Schönste, wer der Begabteste. So ging es fort, bis die Reise vorbei war... Wenn Sie jetzt verstehen, sind Sie frei, wissen Sie, was Spiritualität ist.

Dann werden Sie verstehen, was die Wirklichkeit ist, wer Gott ist, werden Sie sich von einer der größten Illusionen befreit haben: der Illusion, daß wir Zustimmung brauchen, beliebt sein müssen, Erfolg haben müssen, Ansehen, Ehre, Macht und Popularität. Man braucht nur eines: Liebe. Haben Sie das entdeckt, sind Sie frei. Dann nämlich, wenn das Leben zum Gebet wird... wenn Spiritualität, geistliches Leben, auch unsere Taten miteinschließt.

Lassen Sie Ihr Boot am Strand

Ich reiste einmal von den Vereinigten Staaten nach Kanada. Als wir die Grenze überflogen, kam die Durchsage: »Wir überqueren jetzt die amerikanische Grenze!« Alle schauten nach unten. Doch es war gar nichts zu sehen. Verständlich, denn so etwas wie eine Grenze existiert ja nur in der Phantasie, die Natur kennt keine Grenzen. Auch die Bezeichnung »Amerikaner« entspringt rein unserer Vorstellungswelt. Ebensowenig gibt es amerikanische Wälder oder amerikanische Berge. Das ist alles nur Konvention! Aber die Menschen sind bereit, dafür zu sterben, so real erscheint ihnen solch eine Abgrenzung.

Ist Ihnen schon einmal aufgefallen, daß Weihnachten nur in Ihrer Vorstellung existiert? Die Natur kennt kein Weihnachten. Aber man sieht tatsächlich Leute, die von weihnachtlichen Gefühlen ergriffen werden. Es gibt keinen Neujahrstag, genausowenig wie uneheliche Kinder. Jemandem zu sagen, er oder sie sei ein uneheliches Kind, ist ein Skandal! Es gibt von Natur aus keine unehelichen Kinder. Unehelichkeit ist eine gesellschaftliche Konvention. Einem Kind zu sagen, es sei adoptiert worden, und deswegen ... Das gibt es nur in unseren Köpfen! Es gibt Kulturen, in denen fast alle adoptiert sind, und es kümmert keinen. Wir reagieren auf Worte, auf Begriffe. Wir leben von Begriffen. Wir ernähren uns von Wörtern.

In diesem Zusammenhang fällt mir wieder die Geschichte von dem Bauern ein, dessen Hof an der russisch-finnischen Grenze lag. Er sollte sich entscheiden, ob er zu Finnland oder zu Russland gehören wollte. Nach reiflicher Überlegung entschied er sich für Finnland. Die russischen Beamten wunderten sich und fragten ihn, warum er denn nicht Russland gewählt habe. Er antwortete: »Wißt ihr, mein ganzes

Leben lang war es mein Wunsch, bei Mütterchen Russland zu leben, aber in meinem Alter und bei meiner Gesundheit könnte ich keinen russischen Winter mehr überleben!«

Liebe ist nicht, sich von jemandem angezogen zu fühlen. »Ich liebe dich mehr als irgendjemanden sonst« heißt eigentlich: ich fühle mich von dir mehr angezogen als von allen anderen. Was halten Sie davon? Du ziehst mich stärker an als die anderen. Du paßt besser in das Programm in meinem Kopf als die anderen. Das ist für dich nicht sehr schmeichelhaft, denn wenn ich anders programmiert wäre... Haben Sie auch schon Leute kopfschüttelnd sagen hören: »Was findet er bloß an ihr? Was, um Himmels willen, sieht sie bloß in ihm?« Angezogen zu werden macht blind!

Ein altes Ehepaar feierte seinen sechzigsten Hochzeitstag. Nach der anstrengenden Feier saßen beide müde und erschöpft auf der Veranda. Der Großvater schaute gerührt seine Frau an und sagte: »Ach, Muttchen, ich bin so stolz auf dich.«

»Was meinst du, Vater? Du mußt ein bißchen lauter sprechen, ich höre doch nichts ohne mein Gerät.«

»Ich bin stolz auf dich!«

»Ja, ich habe auch genug von dir!«

Da hat das Angezogensein ein Ende.

Fühlen Sie sich von irgendjemandem oder irgendetwas angezogen? Gibt man dieser Anziehungskraft nach, folgt darauf die Belohnung. Nach der Belohnung kommt die Langeweile oder die Angst: »Ich möchte, daß es so bleibt! Hoffentlich nimmt mir das niemand wieder weg!« Besitzergreifen, Eifersucht, Verlustangst. Das ist keine Liebe.

Liebe ist keine Abhängigkeit. Es ist sehr gut, aufeinander angewiesen zu sein. Hingen wir nicht alle voneinander ab, hätten wir keine Gesellschaft. Wir leben in gegenseitiger Abhängigkeit. Wir hängen vom Gemüsehändler ab, vom Bäker, vom Elektriker, vom Busfahrer, von vielen Leuten mit den verschiedensten Berufen. Aber voneinander abhängen, um glücklich zu sein, das ist das Schlimme.

Wer kennt das nicht: zwei leere, voneinander abhängige Menschen, zwei unselbständige Menschen, die sich gegenseitig stützen. Zwei Dominosteine – wackelt der eine, fällt der andere um. Ist das Liebe? Liebe heißt nicht, dem anderen die Einsamkeit erträglicher zu machen. Jemand fühlt sich innerlich leer und hat es furchtbar eilig, diese Leere mit jemand anderem zu füllen. Das ist keine Liebe. Um der Leere und Einsamkeit zu entkommen, flüchtet man sich in alle möglichen Aktivitäten, in irgendjemands Arme. Doch Einsamkeit läßt sich nicht durch Kontakt mit anderen heilen, sondern durch Kontakt mit der Wirklichkeit.

Wenn wir uns der Einsamkeit stellen, werden wir bald entdecken, daß es sie gar nicht gibt. Es gibt tatsächlich keine Leere! Dies sollten Sie sich gut merken. Was Sie suchen, ist bereits in Ihnen. Wenn Sie sich dem stellen, was in Ihnen ist, wird bald alles verschwinden, wovor Sie fliehen, und wird das zum Vorschein kommen, was Sie suchen. Liebe ist nicht das Versüßen unserer Einsamkeit. Oft wird über Liebe so gesprochen wie über irgendeine Ware, über die gefeilscht werden muß. »Bist du gut zu mir? Dann werde ich gut zu dir sein. Bist du nett zu mir? Dann werde ich nett zu dir sein. Bist du nicht lieb zu mir? Komisch, die Gefühle der Zuneigung, die ich dir gegenüber empfand, haben einen bitteren Beigeschmack bekommen.« Ist das Liebe? Das ist der Markt der Gefühle, getarnt durch Liebesschwüre.

Liebe ist nicht Begehren. Vor Jahrhunderten sagte Buddha: »Die Welt ist voller Leid. Der Ursprung allen Leids, die Wurzel allen Leids, ist das Begehren. Die Beseitigung des Leids besteht darin, das Begehren zu beseitigen.«

Unter Begehren ist das zu verstehen, dessen Befriedigung ich brauche, um mich glücklich fühlen zu können. Und unsere Gesellschaft und Kultur ermutigen uns permanent, dieses Begehren zu schüren. Dadurch werden wir immer mehr auf Unglück und Nicht-Liebe programmiert. Die Welt ist voll Kummer und Leid. Die Wurzel allen Kummers und Leids ist das Begehren. Verschwindet das Begehren, verschwinden Kummer und Leid.

Ehrgeiz ist eine Art Gehirnwäsche, der wir unterzogen wurden. Es wurde uns eingeschärft, daß nie etwas aus uns werden würde, wenn wir keinen Ehrgeiz hätten. Dabei erwähnte niemand die Energie und Freude, die in der Arbeit liegen können. Von Tranxu, dem großen chinesischen Weisen, stammt der Satz: »Wenn der Bogenschütze schießt, ohne einen besonderen Preis gewinnen zu wollen, kann er seine ganze Kunst entfalten; schießt er, um eine Bronzemedaille zu erringen, fängt er an, unruhig zu werden. Schießt er um den Goldpokal, wird er blind, sieht zwei Ziele und gerät aus der Fassung. Sein Können ist dasselbe, aber der Preis spaltet ihn, er ist ihm wichtig. Er denkt mehr ans Gewinnen als an das Schießen. Und der Erfolgsdruck schwächt ihn.« Der Ehrgeiz nimmt ihm sein Können.

Die Welt ist voller Kummer und Leid, die Wurzel allen Kummers und Leids ist das Begehren. Ehen, die auf der Grundlage des Begehrens geschlossen wurden, sind zerbrechlich. »Ich habe hohe Erwartungen in dich gesetzt, enttäusche mich besser nicht...« Oder andersherum: »Du setzt so hohe Erwartungen in mich, ich will dich nicht enttäuschen...« Oder wieder anders: »Du brauchst mich! Ich brauche dich! Du mußt dein Glück in mir finden!« Und schon geht der Streit los. Hier beginnt der Besitzanspruch. Wo dieses Begehren vorhanden ist, besteht eine Bedrohung. Wo eine Bedrohung lauert, gibt es Angst. Wo es Angst gibt, kann keine Liebe sein. Denn wir hassen, was uns Angst macht. Doch die vollkommene Liebe überwindet die Angst. Wo auch immer ein derartiges Begehren vorhanden sein mag, es wird stets von Angst begleitet sein.

Liebe ist kein Begehren, ist kein Festklammern. Sich zu verlieben, ist das genaue Gegenteil von Liebe. Doch Leidenschaft wird überall gepriesen. Sie ist eine Krankheit, mit der uns alle anstecken wollen – durch Kinofilme, durch Liebeslieder. Wie oft haben wir nicht schon in Filmen gesehen, wie sich Liebende sagen: »Ich liebe dich, ich kann ohne dich nicht leben!«

Ich kann ohne dich nicht leben? Ist das Liebe? Das ist Hunger! Wenn ich mich in dich verliebe, sehe ich dich nicht mehr! Immer wenn mich ein starkes Gefühl beherrscht, sei es positiv oder negativ, verliere ich den Überblick. Das Gefühl macht mir einen Strich durch die Rechnung und läßt mich meine eigenen Bedürfnisse auf mein Gegenüber projizieren.

Bisher haben wir davon gesprochen, was Liebe nicht ist, und kamen zu dem Schluß, daß man im Grunde nicht sagen kann, was Liebe ist. Man kann es nicht sagen. Wenn Sie sich von Ihren Anhänglichkeiten losmachen, von Ihren Ängsten und Illusionen befreien können, werden Sie es wissen. Machen wir ein paar Vergleiche.

Zu lieben bedeutet zumindest ungetrübtes Wahrnehmen und klares Erwidern. Den anderen so zu sehen, wie er ist. Das ist das mindeste, was man von der Liebe verlangen kann. Wie kann ich dich lieben, wenn ich dich nicht sehe? Meist sehen wir uns nicht wirklich, wenn wir uns ansehen. Wir suchen ein bestimmtes Bild. Heiratet der Bräutigam die Braut oder das Bild, das er sich von ihr gemacht hat? Heiratet die Braut den Bräutigam oder das Bild, das sie von ihm hat?

Ich habe eine bestimmte Erfahrung mit Ihnen gemacht. Diese Erfahrung bewahre ich in meinem Gedächtnis und beurteile Sie nach dieser meiner Erfahrung. Ich trage sie mit mir herum. Ich agiere oder reagiere auf dieser Grundlage und nicht darauf, was Sie jetzt sind. Ich betrachte Sie durch ein Bild.

Wenn Sie nach einem Streit zu mir kämen und mir sagten: »Es tut mir sehr leid«, wäre es großartig, wenn ich mich danach an nichts mehr erinnern könnte. Das meinen auch die Mystiker, wenn sie von der »Reinheit der Gedanken« sprechen. Sie sagen nicht, man solle alles vergessen, sondern frei von Gefühlen halten. Heilen Sie sich vom Schmerz!

Sie sagen: »Weißt du noch, wie verliebt wir vor zwei Jahren waren?« Möchten Sie, daß ich auf dieses »vor zwei Jahren« reagiere oder darauf, wie Sie heute sind? Wenn man an die Liebe wie an eine Investition denkt, weiß man nicht, was Liebe ist.

Lieben ist, wie eine Sinfonie zu hören. Empfänglich zu sein für alle Klänge, die zur Sinfonie gehören. Es bedeutet, ein Herz zu haben, das offen ist für alle und für alles. Können Sie sich vorstellen, ein Sinfoniekonzert zu hören und dabei nur auf die Pauken zu achten? Oder den Pauken so eine Bedeutung beizumessen, daß die übrigen Instrumente fast untergehen? Ein wirklicher Musikliebhaber wird dem Klang aller Instrumente lauschen, wenn er auch ein Lieblingsinstrument haben mag.

Wenn Sie sich verlieben, wenn Sie Ihr Herz an etwas hängen, sich an etwas klammern, wissen Sie, was dann geschieht? Dann wird das Objekt Ihrer Leidenschft hervorgehoben und die anderen Menschen verblassen.

Liebe ist keine Beziehung. Sie ist ein Zustand. Die Liebe gab es schon lange vor den Menschen. Bevor es Sie selbst gab, gab es bereits die Liebe. Ich sagte Ihnen schon: ist das Auge frei, kann man sehen. Um zu lieben, kann man aber nichts tun. Würden Sie Ihre Pflichten und Schuldigkeiten verstehen, Ihre Anhänglichkeiten, Sehnsüchte, Zwänge, Vorlieben, Neigungen, und sich von all dem freimachen können, käme die Liebe... Ist das Auge frei, kann man sehen. Ist das Herz frei, kann man lieben.

ZWEITER TEIL

Die Fesseln lösen

Religion ist keine Frage von Ritualen
oder wissenschaftlichen Studien.
Auch ist sie keine Art Kult
und kein Vollbringen guter Taten.
Bei der Religion geht es darum,
die Unreinheit des Herzens zu tilgen.
Das ist der Weg zur Begegnung mit Gott.

Selbsterdachtes Leid heilen

Wie läßt sich ein Ausweg aus einem Leben finden, das einen nicht erfüllt? Ist das Leben eines Menschen unerfüllt, sucht er nach einem Ausweg. Wo sind aber das Glück und die Liebe – wo ist der Weg, der zum Glücklichsein führt – zu finden? Man braucht dazu weder Lehrbuch, Schriften oder Religionen, genausowenig wie einen Guru oder primitive Rituale. Was wichtig ist, sind die eigenen fünf Sinne. Nehmen Sie Ihren Körper und Ihren Geist. Das ist alles, was Sie benötigen. In ihnen werden Sie alles Notwendige finden, verbunden mit den Fähigkeiten, die Gott Ihnen gegeben hat.

Unser Leben ist oft dürftig und so wenig erfüllt. Da gibt es keinen Frieden, keine Freude, sondern Kummer und Leid. Wäre nicht das Leid, gäbe es Liebe. Der einzige Grund, weswegen Sie nicht unablässig lieben, liegt darin, daß Sie leiden. Würden Sie nicht leiden, würden Sie lieben. Dann hätten Sie Ihren Frieden gefunden und würden Liebe und Frieden ausstrahlen.

Unser Kummer und unser Leid haben eine Ursache. Das ist die große Erkenntnis Buddhas, dessen Genie sich gerade in der Verkündigung dieser Botschaft zeigte. Und würden wir diese Ursache entdecken, ließen sich Kummer und Leid ausrotten. Dann besäßen wir Freiheit, das Nirwana.

Was ist nun die Ursache von Kummer und Leiden? Die geistige Aktivität, unsere Gedankengebilde. Manchmal kommt der Geist auch zur Ruhe, und alles ist gut. Doch ein andermal beginnt er zu arbeiten und produziert das, was Buddha Gedankengebilde nennt. Der Verstand fängt an zu beurteilen, er schätzt ab, stellt alle möglichen Überlegungen an. Er bewegt sich in einer bestimmten Richtung, in der er Dinge beurteilt, Menschen und Geschehnisse einschätzt.

Und das Ergebnis dieses Beurteilens, Abschätzens, dieser Gedankengebilde, ist: wir leiden.

Wenn der Verstand nichts beurteilt, gibt es kein Leiden, genausowenig wie alle anderen Gefühlsregungen. Es gibt nur die reine Freude. Wer hat diese Freude nicht schon einmal in bestimmten Augenblicken erfahren? Nennen Sie es Gnade, Zufall, Glück, Schicksal oder wie auch immer. Plötzlich sind wir von Frieden erfüllt, der Geist arbeitet nicht mehr, und wir erfahren Freude und Seligkeit.

Wenn wir nicht verstehen, wie unser Verstand arbeitet, beginnen wir, uns nur auf unsere Gedankengebilde zu stützen und sind unserem Kopf ausgeliefert. Dann verlassen wir uns nämlich nicht auf Tatsachen, sondern auf Gedankengebilde. Dann werden wir zu Gefangenen dessen, was unser Geist erfunden hat, und nicht der Tatsachen an sich.

Wir gehen zum Beispiel eine Straße entlang und hören aus einem Fenster eine zauberhafte Musik – wir sind begeistert. Nun das Gedankengebilde: »Was für eine wunderschöne Musik... die würde ich gerne öfter hören; ich werde mir einen CD-Spieler kaufen und dann die CD mit genau dieser Aufnahme. Die muß ich unbedingt haben!« Alles Gedankengebilde.

Ein anderer ginge durch dieselbe Straße, hörte dieselbe Musik und wäre von ihr genauso begeistert wie von etwas anderem. Er würde sich sagen: »Diese Musik würde ich gerne wiederhören. Wenn ich mir auch keinen CD-Spieler kaufen kann, kann ich doch eine genauso schöne Musik in meinem Herzen wiedererklingen lassen.«

Welches dieser beiden Gedankengebilde ruft Ängste und innere Unruhe hervor? Die Musik ist wunderbar, himmlisch, sie begeistert Sie. Doch Sie werden nicht von der Musik kontrolliert, oder vom CD-Spieler, sondern von den Bewertungen und Folgerungen, die Ihr Geist produziert hat.

Wie sehen die gewöhnlichen Urteile Ihres Verstandes aus?

Ihre innere Stimme hat Ihnen sicherlich schon einmal drängend zugeraunt: »Das solltest du nicht tun; das solltest du nicht sagen; das brauchst du; dies steht dir zu ...; sie sollte eher ...«. Vielleicht wies Sie Ihre innere Stimme auch schon einmal auf Möglichkeiten hin, sprach Einladungen aus, ohne Druck auszuüben, frei, so daß Sie selbst eine Entscheidung treffen konnten. Oder bekommen Sie von ihr nur »du solltest« auf jede Regung eines Wunsches zu hören? Pflichten machen Entscheidungen überflüssig, denn der gesellschaftliche Druck ist so groß und die Gesetze, wie man sich der Norm nun anzupassen hat, so zahlreich, daß einem nur noch übrig bleibt, seinen inneren Bedürfnissen zu folgen.

Können Sie diese »Pflichten« erkennen, wie zum Beispiel familiäre Bindungen, die einer entfernten Vergangenheit entstammen? Schon in der Vergangenheit hatten sie etwas Unwirkliches, doch nun sind sie wirklich nicht mehr real. Es sind Erinnerungen an Ihre Vergangheit, an die Stadt, aus der sie kommen, doch sie haben kein Leben mehr. Sie besitzen weder Liebe, noch Zärtlichkeit, noch Zuneigung. Sie sind eine Art geistiger Droge. Sehen Sie ein, daß sie einem anderen Raum und einer anderen Zeit entstammen, keine Verbindung zu Ihrem Hier und Jetzt haben? Sie haben nichts mit »Ihnen« zu tun. Pflichten sind Begriffe ohne Realität und Leben. Wie macht man damit Schluß, die Welt bis zuletzt mit dem Kopf zu steuern?

Wir müssen die Gedankengebilde unter die Lupe nehmen! Was spielt sich in unserem Innern ab? Stellen Sie sich einen Menschen vor, der weder hören noch sehen kann, der taub und blind in einer Welt voll anderer Tauber und Blinder leben würde. In was für einer Welt würde er leben? Käme dieser Mensch irgendwann auf den Gedanken, daß die Dinge, die er berührt, riecht und schmeckt, noch eine andere Dimension haben, ein sichtbares Erscheinungsbild? Und wie wäre es, wenn Sie ohne den Gebrauch Ihrer fünf

Sinne aufwüchsen und sich nur daran hielten, was Ihnen die »Pflichten« vorschreiben? Höchstwahrscheinlich würden Sie nie Ihren eigenen Sinnen trauen, Ihrem gesunden Menschenverstand, sich selbst. Doch was Sie Ihr Leben lang suchen würden, sobald Sie den Mund auftun, denken, handeln und fühlen, wäre die Billigung durch eine höhere Instanz. Tatsächlich zwingen manche Gesellschaften ihre Mitglieder dazu, es offen einzugestehen, wenn sie anders sprechen, denken, handeln und fühlen als vorgesehen.

Manche Religionen tun das auch.

Solange es eine durch Gehorsam bedingte Ordnung gibt, gibt es auch ein tiefreichendes und diffuses Risiko, unmittelbar unter dieser dünnen, sicheren Oberfläche. Macht schafft Angst, Konformität schafft Beschränkungen. Pflichten, die sich aus einem System ergeben, können einen Menschen seiner ihm eigenen Anmut, Schönheit und Liebe berauben.

Sie sind nicht Sie selbst und waren es auch schon seit frühester Kindheit nicht mehr. Möchten Sie gerne herausfinden, wer Sie in Wirklichkeit sind? Haben Sie so viel Mut, Sie selbst zu werden? Das ist ermutigend. Mit den Gefühlen, dem Denken und Handeln Ihres neuen Selbst werden Sie lieben können. Aber Sie haben niemanden mehr, der Sie beurteilt und von oben her bewacht. Dieses neue Leben beginnt mit der Annahme und Liebe Ihrer selbst, mit dem Vertrauen auf Ihre Sinne, alle Ihre Sinne, in jeder Hinsicht. Es ist eine ganz besondere und minutiöse Akzeptanz. Sind Sie dazu bereit?

Löwen der Wildnis, gebt acht! Hier komme ich! Nach allem, was ich war, endlich ohne Angst.

Wir haben fünf Sinne. Vielleicht haben wir noch fünf mehr, und das Leben könnte uns Dinge zeigen, die wir nie vermutet hätten... Weil wir diese Sinne nicht haben, kann unser Verstand diese Möglichkeiten nicht im geringsten in Erwägung ziehen. Jemand, der taub und blind auf die Welt kam, kann nicht verstehen, daß die Blume, die er riecht und berührt, auch eine Farbe hat. Niemals käme er auf die Idee, daß es so etwas gibt. Um wirklich leben zu können und Sie selbst zu sein, brauchen Sie diese besondere Gabe, das Unbekannte fühlen und denken zu können. Wer für die »Pflichten« lebt, hat keine eigenen Gefühle, nur Gedanken und Freude aus zweiter Hand. Wie diejenigen, die nur lachen können, wenn der Chef lacht. Sie brauchen ein Gefühl der »Berechtigung«, bevor sie lachen. Die Genehmigung macht ihr Lachen zulässig.

Viele Erwachsene brauchen für die kleinste Kleinigkeit eine Erlaubnis – um ab und zu ihre Meinung zu sagen, oder um ein bißchen Spaß im Leben zu haben. Wie ein Kind bitten sie um Erlaubnis, wenn sie dafür kämpfen, selbst frei entscheiden, Anteil nehmen, sprechen und fühlen zu können.

Die eigene Beeinflussung zu überwinden ist genauso schwierig wie die fünf Sinne zum ersten Mal zu gebrauchen. Sie werden sich seltsam vorkommen und sich alleine fühlen, wenn Sie auf sie vertrauen, anstatt dem Drang zu folgen, eine Erlaubnis einzuholen. Doch die Freude, die Sie erfahren werden, ist nicht zu beschreiben: es ist wie eine Auferstehung zu neuem Leben.

Was sehen Sie, wenn Sie das Leben betrachten? Man weiß es nicht. Fügen Ihre Sinne der Wirklichkeit etwas Neues hinzu? Hat sie tatsächlich eine bestimmte Eigenschaft oder lassen Ihre Sinne etwas entstehen, was eigentlich nicht, oder nur zum Teil, dazugehört? Wir wissen es nicht. Wie kann man wissen, ob es die Farbe Grün tatsächlich gibt? Stellen Sie sich vor, ich sähe die Farbe Grün, Sie sähen sie aber gelb und würden sie nur grün nennen. Stellen wir uns vor, wir betrachten ein und dieselbe Sache, tun dies aber nicht. Wir wissen nicht, inwieweit unser Wahrnehmungsvermögen dafür verantwortlich ist, was wir sehen. Wie traurig wäre es aber, wenn wir es nicht hätten, um das Leben zu entdecken.

Wie kann ich wissen, ob meine Gefühle wirklich meine

eigenen sind, meiner eigenen Wahrnehmung der Wirklichkeit entspringen, oder Gefühle sind, die durch eine höhere Instanz geweckt wurden? Glauben Sie, daß es eine richtige Art zu fühlen gibt? Wer legt dafür die Kriterien fest? Wie oft sehen, denken, fühlen und handeln Sie aus Pflichtgefühl?

Auf der Ebene der Pflicht nähern Sie sich noch nicht einmal der Wirklichkeit, geschweige denn, daß Sie eine Ahnung bekämen, was sie ist. Sie gelangen nur zu Begriffen und Abbildern der Wirklichkeit mit Hilfe von Regeln der Etikette oder der Konvention. Noch sind Sie nicht auf den wahren Geschmack gekommen, noch haben Sie je geliebt. »Herr, ich kann sehen!«, »Mein Gott, das ist wunderbar!«

Würden wir glauben, unsere Sinne seien reine Empfangsorgane, stünden wir bald vor einem Problem, denn die Sinne sind außerodentlich selektiv. Auch unser Bewußtsein ist so, denn wir sehen nicht die Wirklichkeit, können sie gar nicht sehen. Wir sehen nur ihr Spiegelbild, und dies nach einer Vorauswahl im Kopf. So sehe ich zum Beispiel nicht Sie, sondern nur die Vorstellung, die ich von Ihnen habe. Das ist der Grund, weswegen man zwei Bilder sieht. Ich sehe in Ihnen etwas, was ein anderer nicht sieht, und umgekehrt. Mit anderen Worten: Damit ich Sie sehen kann, muß ich Sie meinem Verstand gegenüberstellen, seinem selektiven Teil, und mir klar machen: Wieviel Wirklichkeit liegt dem Bild zu Grunde? Genausoviel wie in Ihrem Kopf vorhanden ist. Und das ist Wirklichkeit?

Was im Kopf haften bleibt, wird ständig gefiltert. Dabei wirken viele Faktoren mit: Ängste, Wünsche, Beziehungen, Überzeugungen, Gewohnheiten und Beeinflussungen. Sie wählen aus, was wir mit unseren Sinnen wahrnehmen. Ich habe keine wirklichen Empfindungen, sondern reagiere auf die Bilder, die meinem Denken zugrunde liegen. So kann ich jemanden betrachten, in ihm einen Amerikaner sehen und dabei ein gutes Gefühl haben; jeder andere könnte bei seinem Anblick genau entgegengesetzte Gefühle entwickeln. Sieht man einen Menschen oder ein Abbild von ihm? Die Reaktion der Mitmenschen verrät, ob sie auf einen Impuls des Hier und Jetzt reagieren oder auf ein vorgefertigtes Bild.

Wenn Sie etwas Bestimmtes anstreben, fällt Ihnen vieles auf, was andere nicht sehen. Eine Mutter kann beim größten Lärm ruhig schlafen und wacht beim leisesten Seufzer ihres Babys auf. Wieso? Ihre Sinne filtern die anderen Geräusche aus. Etwas geht in unserem Innern vor. Da ist ein Sensor, der auf das anspricht, was wir erleben. Dieses Wahrnehmen hängt davon ab, welche Einflüsse uns in der Vergangenheit geprägt haben.

Ist jemand davon überzeugt, weniger wert zu sein, wird er ständig Dinge wahrnehmen, die ihn in dieser Überzeugung stärken. Wir bestätigen uns immer in unseren Überzeugungen. Wenn ich der Meinung bin, die Amerikaner hätten eine bestimmte Eigenschaft, werde ich bei ihnen das wahrnehmen, was meine Überzeugung bestätigt.

Wir leben also mit den Ergebnissen von vielerlei Auswahlvorgängen, Filtern und Subjektivismen. Was existiert denn tatsächlich in unseren Köpfen? Wir fügen den Bildern unsere Gedankengebilde und Werturteile hinzu: »Das ist gut, jenes schlecht, dieses ist richtig, jenes falsch.« In Wirklichkeit gibt es kein gut oder schlecht, weder bei Menschen noch in der Natur. Es gibt lediglich ein geistiges Werturteil, das der einen oder anderen Wirklichkeit auferlegt wird.

Solche Werturteile können sein: Welche Mannschaft ist gut, welche besser, was ist ein guter Sieg, was ein schlechter? In Wirklichkeit gibt es nur ein Spiel und die, die darin mitspielen. Es gibt nur einen Ball, der geworfen, getreten oder geschlagen wird. Ball und Spieler bewegen sich hin und her. Diesen Vorgängen fügt man seine eigenen Einschätzungen hinzu. Sie beugen sich öfter einer Uniform oder einem Begriff als der tatsächlichen Wirklichkeit. Sie spenden häufiger den Einflüssen Beifall, die Sie geprägt haben, als der Wirklichkeit, die Sie beobachtet haben. Haben Sie das nötig?

Schließlich landet man in der üblichen Verwirrung, weil man um die Dinge wie töricht herumrennt und nicht weiß, wer man ist. Man fügt der Wirklichkeit weiterhin seine Filter, Einschätzungen und Wünsche hinzu, mischt das Gute und das Böse unter die Wirklichket, als blase man einen Ballon auf. Man behauptet, etwas sei wünschenswert, nicht wünschenwert, richtig oder falsch. Doch die Dinge sind, wie sie sind, ob wir sie verstehen oder nicht.

Was ist Bewußtheit? Die Fähigkeit zu beobachten, wie wir die Wirklichkeit filtern, und nicht nur das Bild sehen, das wir uns von ihr gemacht haben. Das erste, dessen wir uns bewußt werden müssen, ist:

1. Wissen, daß der Filter existiert;

2. Wissen, daß man auf das Bild in seinem Kopf reagiert und nicht auf die Wirklichkeit;

3. Verstehen, daß alles, was diesen Filter bildet, vorübergeht, sich ständig verändert und bewegt. Sie tun nur so, als sei der Filter von Dauer und unveränderlich. Doch er verändert sich permanent. Alles fließt, bewegt sich, lebt;

4. Verstehen, daß alles, was in Ihrem Verstand, Ihrem Filter, existiert, unangemessen und unbefriedigend ist, weil es vergänglich ist;

5. Verstehen, daß alles, was in Ihrem Filter, Ihrem Kopf, existiert, nicht Sie sind, sondern ein Vakuum Ihres Egos ist, daß es dort nur selbsterdachte Projektionen gibt.

Das Ich hat den Begriff des »Ego«, des eigenen Selbst, erfunden. Wenn ich mir die Welt anschaue, projiziere ich in meiner

Dummheit mein eigenes Selbst auf Gebäude, auf Schreibmaschinen, Städte, auf die Wirklichkeit. Geben Sie mir irgendeine Wirklichkeit, und ich bin gleich dabei, etwas von meinem »Ego« darüberzustülpen. Dieses eigene Selbst gibt es aber nur in meinem Kopf, denn würde ich heute nacht sterben, würde sich kein einziges dieser Gebäude verändern. Die Dinge sind, was sie sind. Es sind nicht meine, deine oder seine. Das alles ist nur Konvention.

Stellen wir uns vor, ein Gebäude gehörte Ihnen. Dieses Ihr Eigentum ist genau genommen nicht Ihr Eigentum. Das Gebäude ist das Gebäude. Die Wurzel allen Leids ist das Festhalten, das Besitzdenken. Sich an etwas zu klammern ist nichts anderes als irgendetwas oder irgendjemandem das eigene Selbst überzustülpen. Sobald Sie über etwas das Selbst stülpen, klammern Sie sich schon daran. Wenn wir nach und nach die Worte »mir«, »mein« und »mich« von unseren Eigentümern, Gebäuden, Kleidern, der Gesellschaft, Orden, Land, Religion, von unserem Körper, unserer Persönlichkeit entfernen, ist das Ergebnis Befreiung, Freiheit, *Moksha*.

Lernen Sie verstehen, daß alles vorübergeht, unbefriedigend bleibt und leer ist vom Ich. Paradoxerweise liegt in diesem Verstehen die Geheimforml für fortwährende Freude. Jesus verstand, wenn er sagte: »Wer ist meine Mutter, und wer sind meine Brüder, meine Schwestern? Ich habe keine.« Es gibt eine Frau, doch »meine Mutter« ist ein gedanklicher Begriff. Beziehungen sind Funktionen, gedankliche Projektionen. Niemand möchte das wahrhaben. Lieber lebt man in einer sebstgeschaffenen Welt, mit allen Emotionen und allem Leid, bemüht sich ständig um Klärung der Verwirrung, die man selbst verursacht. Es ist, als versuchte man, sich nach einer Verletzung mit einer anderen Verletzung zu bestrafen. Eine Verwirrung ohne Ende.

Nicht nur »das ist mein« zu sagen, schafft Probleme, sondern auch »ich bin dies oder das, oder sonst irgend etwas«.

Die Identifikation mit dem Ich kann Schwierigkeiten bereiten, wie etwa: »Ich bin gut, ich bin schlecht, ich bin ein toller Mensch, ich bin ungeduldig«. Meine Beschaffenheit ist anders als Ihre. Das, was Sie auf meine Person projizieren, bin nicht ich. Ich bin nicht das, was Sie sagen, daß ich sei. Nicht einmal ich selbst kann in Worten ausdrücken, wer ich wirklich bin.

Gäbe es kein Ego, gäbe es kein Übel. Hätten die Sikhs kein kollektives Ego, hätte es auch keine Schwierigkeiten gegeben. Hätten die Goaner kein kollektives Ego, hätte es ebensowenig Probleme gegeben. Dasselbe gilt für Brasilianer, Spanier, Indianer, für alle Nationalitäten und Religionen. Alle Konventionen, Etiketten und Abgrenzungen sind nur in unseren Köpfen entstanden. Vor fünfzig Jahren gab es noch kein pakistanisches Ego; vor dreihundert Jahren lebte und starb noch niemand für so etwas wie ein amerikanisches Ego. Vor tausend Jahren gab es noch kein islamisches Ego; vor zweitausend kein christliches. All dies sind Konventionen, die mit der Wirklichkeit oder dem Leben nichts zu tun haben; sie sind nicht gott- oder naturgegeben, sondern von Menschen geschaffen, definiert, aufgeschrieben worden. Die Dinge sind, was sie sind. Das Ego ist eine Schöpfung des Verstandes.

Unser Verstand schafft Etiketten, klebt sie jemandem auf und behauptet, daß diese oder jene Gruppe ab sofort eine separate Gruppe sei. Dann verlangen wir von diesen Leuten, daß sie ihr Leben dafür hingeben, die Etiketten zu verteidigen, die wir uns ausgedacht haben. Von diesen Taten sprechen wir dann in glorreichen Formulierungen, wie »für das Vaterland gestorben«. In Wirklichkeit starben sie jedoch für Konventionen, für Begriffe, die es in Wirklichkeit gar nicht gibt. Diesen Menschen werden unsichtbare Belohnungen versprochen, wie etwa: »Wenn du für den Glauben stirbst, oder für dein Land, für Gott, wirst du das Himmelreich erlangen«, obwohl das gar nicht real ist. Die Begriffe sind aufgesetzt und sogar die Belohnungen aus der Luft gegriffen.

Es ist ein schwieriger Weg, die Wirklichkeit wieder neu erleben zu lernen, sie genau wahrzunehmen. Nur wenige sind erwählt. Das Bewußtsein der Massen, der Wunsch, Erfolg zu haben, und das Hören auf die Versprechungen des Ego sind verführerischer und üben eine stärkere Anziehungskraft aus als das wirkliche Leben. Helfe uns Gott.

Was heißt denn nun Meditation? Meditation bedeutet, alles zu beobachten, was sich in Ihrem Bewußtseinsfilter befindet, erkennen, sich bewußt machen, daß alles vergänglich ist, unbefriedigend und frei vom Ich. Ein buddhistischer Meister sagte: »Man kann sein ganzes Leben damit verbringen, über die Neigung seines Verstandes nachzudenken, auf alles und jedes Etiketten mit ‹gut› oder ‹schlecht› zu kleben.«

Und ich kann Ihnen versichern, daß Sie keine Minute mehr Langeweile haben werden, wenn Sie beobachten, wie Ihr Verstand arbeitet. Er produziert ständig »gut« und »böse« und schickt Nachrichten als Reaktion auf die Werturteile. »Das ist gut« (= Werturteil) und deswegen wünschenwert (= Nachricht). »Das ist schlecht: nicht wünschenwert.« So geht es ununterbrochen weiter. Das Überraschende dabei ist zu erkennen, daß all das tatsächlich nur mein Verstand hervorgebracht hat. »Gut« und »schlecht« gibt es in Wirklichkeit nicht, genausowenig wie etwas wünschenswert oder eben nicht wünschenswert ist. Dieses Szenario ist unsere Erfindung. Es ist faszinierend – als diskutierten wir mit den besten Computerspielern der Welt über ein Computerspiel. Wir hätten für den Rest unseres Lebens für Unterhaltung gesorgt, würden uns niemals mehr langweilen. Sie würden Ihr Leben genießen, denn Sie könnten all Ihre Gelüste und Abneigungen nicht mehr ernst nehmen.

Zuneigung und Zurückweisung, Anklammern und sich meinem Verstand und allem widersetzen, was das Herz besticht... »Selig, die ein reines Herz haben; denn sie werden Gott schauen« (Mt 5,8). Wenn Sie Ihr Herz von allen Anhänglichkeiten und Abneigungen reinigen, werden Sie Gott schauen. Religion ist keine Frage von Ritualen oder wissenschaftlichen Studien. Auch ist sie keine Art Kult und kein Vollbringen guter Taten. Bei der Religion geht es darum, die Unreinheit des Herzens zu tilgen. Dies ist der Weg zur Begegnung mit Gott. Wo Abneigungen und Anhänglichkeiten nicht mehr sind, kann die Liebe neu erstehen. Finden Sie zur Liebe. Sonst beschäftigen Sie sich nur mit irgendwelchen Bildern in Ihrem Kopf. Keine Anhänglichkeiten, keine Abneigungen, nur Liebe; verstehen Sie und akzeptieren Sie von Herzen, was auch immer es sei.

Nach den Aussagen der Religion herrscht Gott über alles, sein heiliger Wille geschieht, was wir auch tun und denken. Das ist Religion. Reinigen Sie Ihr Herz, tilgen Sie seine Makel, die Abneigungen und Anhänglichkeiten heißen. Denken Sie über die Werturteile Ihres Verstandes bezüglich Gutem und Schlechtem nach. Indem Sie diesen widerstehen, wird ein neuer Geist von Ihrem Sein Besitz ergreifen.

Wenn Sie zur Leere gelangt sind, zu einem Zustand des Nichtbewertens, werden Sie kein Mensch mehr sein. Dann gehen Sie durch das Leben, stehen mitten im Leben, sind erfüllt von Leben, und nichts hat mehr die Macht, Sie niederzuwerfen. Es ist, wie wenn jemand schwarze Farbe in die Luft wirft: die Luft wird davon nicht schwarz, Luft kann man nicht schwarz anmalen.

Der große Meister Hakwin hatte keine Schüler und hinterließ keine Schriften oder sonst etwas. Man sagte von ihm: »Wenn er einen Wald betrat, regte sich kein Blatt, wenn er ins Wasser stieg, bildete sich keine Welle; er störte nicht die Harmonie der Welt.«

Lärm könnte Sie nie aufregen. Sie selbst könnten sich nicht aufregen. Die Dinge sind, wie sie sind. »Lärm« existiert in Ihrem Kopf, und nicht in der Wirklichkeit. Nur Ihre Werturteile machen das Geräusch zu einer Störung; ein anderer würde sich kaum aufregen, denn er hätte anders geurteilt.

Meditiation ist nicht Klammern, Identifikation oder Besitzergreifen. Das alles führt nur zu Leid. Meditation ist Schauen, Beobachten, Gewahrwerden, Verstehen. Sie führt zum Hinterfragen und zur Liebe.

Seine Gefühle zum Ausdruck bringen

Die Wurzel aller psychologischen Probleme sind Hemmungen. Was unterscheidet einen normalen von einem gesunden Menschen? Der normale Mensch lebt nach Normen, der gesunde ist wie ein Barbar. (Wenn er glücklich ist, zeigt er es auch, jeder sieht es und spürt es.) Er ist gesund, aber paßt sich nicht der Gesellschaft an. Wie läßt sich dieses gesunde emotionale Grundbefinden erhalten, ohne dabei die Gesellschaft einfach Gesellschaft sein zu lassen?

Die Grundlage des Lebens ist das Gefühl, das Empfinden. Die Tiere und Lebewesen, die in der Wildnis überleben, ziehen umher und töten. Der höfliche und gehemmte Mensch versteckt sich hinter einem Baum und wartet auf den Tod. Er macht sich seine Ängste zu eigen. Die Gattung Mensch hätte nie überlebt, wäre sie gehemmt. Unsere Vorfahren gehörten zur mutigsten und tapfersten aller Gattungen.

Persönlichkeit zu haben ist keine Frage von Logik und Konformität, sondern eine Frage von Gefühlen, besonders derjenigen, die zum Ausdruck gebracht und mitgeteilt werden. Viele brillante Leute sind so undurchsichtig wie trübes Wasser. Ihre gefühlsmäßige Kinderstube legt sie auf den gesunden oder gehemmten Typ fest. Kinder sind unverfälscht, weil sie ihren Gefühlen freien Lauf lassen. Eine unbefangene Kindheit ist eine glückliche Kindheit. Wenn Kinder oder Jugendliche sich nicht als solche verhalten dürfen, entscheiden sie sich eben dafür, sich wie Kinder zu verhalten, wenn sie erwachsen werden. Das Kind kommt frei auf die Welt, wird aber sogleich von seinen Eltern gebunden. Oft kann sich ein Kind nie befreien.

Sind Ihre Fesseln sehr eng?

Das Tragische dabei ist, daß sich alle Bösewichte als Freunde ausgeben. Die Obrigkeiten sind ja so interessiert daran, Konformität zu lehren und die Bildung der Menschen zu beeinflussen, man will doch nur ihr Bestes. Offensichtlich haben mehr Männer psychologische Probleme als Frauen. So gibt es zum Beispiel zehnmal mehr männliche als weibliche Stotterer. Bei Streß und Anspannung ist das Verhältnis genauso, aber bei Gefühlen der Erleichterung variiert es sehr stark. Frauen scheinen von der Gesellschaft eher die Erlaubnis zu besitzen, ihre Gefühle auszudrücken. Sie können eher weinen. Sie beherrschen besser die Sprache der Gefühle. Männer nicht. Und sie müssen dafür bezahlen.

Ist Ihnen schon einmal aufgefallen, daß nach Alkoholgenuß die Gefühle überzuströmen beginnen und die emotionalen Probleme für kurze Zeit weniger drücken? Man wird enthemmt. Alkohol ist einer der chemischen Stoffe, die die Gefühle vorübergehend befreien. Doch vorübergehende Erleichterung ist überhaupt keine Lösung für Hemmungen.

Das Gefühl ist die Grundregel des Lebens. Hemmen Sie die natürlichen Impulse eines Menschen, werden ihn unweigerlich Neurosen befallen. Alle Tiere brauchen sinnliches Erleben. Es gibt keine neurotischen Tiere. Wenn ein Tier in einem Labor keinen sinnlichen Reizen wie Berührungen, Gerüchen und Geschmack mehr ausgesetzt ist, wird es entweder depressiv oder hyperaktiv. Rund 85 Prozent aller Ordensleute sind depressiv, denn sie haben unwahrscheinlich viele Pflichten, zahllose Ideale und ein unzureichendes sinnliches Erleben. Und auch sie werden depressiv oder überaktiv. Aktiv zu bleiben ist zum Beispiel eine Form von Reiz, doch der Mensch braucht genauso ein emotionales Erleben.

Wie kommt man zu einem emotionalen Erleben? Indem man seine Gefühle zum Ausdruck bringt. Sollten Sie körperlich inaktiv sein, dann geben Sie sich selbst einen physischen Reiz: gehen Sie spazieren, treiben Sie Gymnastik oder etwas Ähnliches. Denn sind Sie deprimiert, gehen Sie ein emotionales Risiko ein. So aber werden die Emotionen wieder in normale Bahnen geleitet. Wenn das emotionale und sinnliche Erleben in uns blockiert ist, werden wir depressiv. Verleihen Sie deshalb Ihren Gefühlen Ausdruck. Beobachten Sie einmal, mit welcher Leichtigkeit Kinder das tun – sie sind in keinem Orden, sind furchtlos, werden nicht unterdrückt. Sie brauchen niemand anderen mehr, der Sie emotional anregen müßte. Sie selbst werden im Mittelpunkt stehen, sich nicht hinter einem Baum verstecken. Sie werden Ihre Gefühle zum Ausdruck bringen, ohne dem besondere Bedeutung beizumessen, ob die anderen ihnen jetzt entsprechen oder nicht.

Warum sollte man auch so sehr davon abhängen, was die anderen denken? Warum sich hemmen lassen? In dem Maße, wie die Gefühle strömen werden, werden Sie auf die anderen nicht mehr angewiesen sein, noch werden Sie deren Meinungen fürchten, ausgesprochene oder unausgesprochene. Sie werden so viel innere Anmut und Reichtum haben, in Ihnen wird so viel Leben und Gefühl sein, daß Sie sich manchmal fragen werden, ob Sie andere wirklich brauchen. Sobald Sie keine Angst mehr vor einem bestimmten Menschen haben, werden Sie frei sein. Sie könnten prüfen, ob sich diese Angst auf jemand anderen übertragen hat. Wünsche, Abhängigkeiten und Ängste lassen sich ja leicht ersetzen. Sollte das der Fall sein, müssen Sie sich auch von diesen befreien. Die Sucht nach Bestätigung sitzt tief und schlägt schnell Wurzeln.

Ihre Hemmungen waren schlicht und einfach Ängste. Wie konnten Sie nur so verärgert sein, so voll Haß und sich sogar vor Menschen fürchten, die Ihnen sagen, daß sie Sie lieben? Weil Sie etwas wollten, wovon Sie dachten, Sie bräuchten es zum Überleben, und Sie wollten es von diesem einen Menschen. Es ist unmöglich, mitten in Angst und Verzweiflung zu lieben. Wollen Sie jetzt noch etwas von ihm? Sie haben die Wahl: Liebe oder etwas wollen; frei sein oder wollen, daß sich die anderen ändern.

Wenn man Kindern nicht Angst machen würde, ginge es ihnen immer gut. Sie sind fähig zu hören, zu lernen, zu beobachten. Wozu also den Erfahrungen und Fehlern, die sie machen, auch noch Ängste, Furcht, Schamgefühle, Ungezogenheit und Sünde hinzufügen? Wo lernen wir das? Erinnern Sie sich noch daran, wie man Ihnen Scham und Angst als Werte beigebracht hat?

»So benimmt man sich doch nicht, wenn Besuch da ist!«

»Entschuldige, Mama.«

»Entschuldige dich bei deinem Onkel.«

»Entschuldige.«

»Ich muß mich für dich schämen. Schäme dich ...«

Erfahrungen und Fehler sind normal und heilsam; gäbe es keine Erfahrungen und Fehler, gäbe es keine Risiken. Es gäbe nur die berechnete Konformität. Doch das ist weder Leben noch der Sinn der Schöpfung, noch die Erfahrung von Liebe und auch nicht die Frohe Botschaft.

Warum meinen Sie wohl, lebt jemand angepaßt? Ist es personifizierte Angst? Emotionaler Mißbrauch läuft normalerweise unter dem Decknamen Erziehung, familiäre Bindungen, Autorität und Gehorsam. Was lernen Kinder denn?

Machen Sie sich darüber Sorgen, ob Sie etwas falsch machen, ob Sie andere enttäuschen; oder fürchten Sie, von anderen abgewiesen oder getadelt zu werden? Dann sind Sie sogar in Ihren konditionierten Ängsten ein seltenes Musterexemplar. Ist Ihnen klar, wann man sich bemüht, den Erwartungen anderer zu entsprechen?

Wer lehrte Sie, den Gefühlen Ausdruck zu geben und frei und glücklich zu leben? Und wer lehrte Sie andererseits, daß der Weg zum Glück über Lob und Anerkennung durch die Gesellschaft führt?

Denken Sie an einen der glücklichsten Momente in Ihrem

Leben. Was taten Sie da? Sie werden sich erinnern, daß Sie damals redeten, ohne einen Gedanken daran zu verschwenden, was die anderen davon halten könnten. Sie handelten frei und voller Selbstvertrauen. Es spielte keine Rolle, ob Sie gefielen.

Wir wurden zum Unglücklichsein erzogen. Man sagte uns: »Denk nach, bevor du redest!« Wir wurden zu Spezialisten darin, Anerkennung zu erheischen und wurden darauf gedrillt, alles zu zensieren: »Denk zweimal nach, bevor du etwas sagst, zeig bloß nicht deine Gefühle; sage das, was die anderen erwarten; denke, was die anderen denken könnten.« Und alle Welt fängt an zu sagen, was die anderen denken könnten. Die Folge ist, daß kaum jemand mehr seinen eigenen Gefühlen und dem wirklichen Leben Ausdruck geben kann.

Wir haben uns kontrollieren lassen, haben uns der Autorität eines nebulösen und paranoiden Begriffes unterstellt: dem der »anderen«. Wollen Sie wirklich Ihr Glück als das Bemühen definieren, durch »die anderen« – diesem vagen Begriff – akzeptiert zu werden? Manche Ordensleute wurden so unterdrückt, daß sie ihr Leben lang unglücklich waren; sie suchten mit einem anderen Begriff Anerkennung: »Gott«. Und sie werden für immer in emotionaler Hinsicht Nachholbedarf haben, und dies – dank dieses Begriffes – auch auf spirituellem Gebiet. Ihr Anteil ist sehr hoch, er liegt bei 84 Prozent.

Viele fragen sich: »Wie konnte ich so gehemmt werden, so voller Angst, und nicht imstande, meinen Gefühlen Ausdruck zu geben?« In Wirklichkeit meinen sie: »Wie wurde mir das natürliche Empfinden in meiner Kindheit genommen?« Wann, von wem und wie wurde diese emotionale Komponente meiner Persönlichkeit verdreht und verbogen?

Inzwischen spielt es keine Rolle mehr, wo dieser Prozeß einmal begann. Wichtiger ist es, den Menschen zu heilen.

Was bei wem und bei welcher Gelegenheit begann, fällt nicht mehr ins Gewicht. Den Menschen heilen! Die Vergangenheit ist tot, begraben und wiedererstanden. Gutes und Schlechtes kommen aus ihr. Das Leben kommt aus ihr. Lieben wir die Vergangenheit. Heilen wir auch die Gegenwart, genau im jetzigen Augenblick, sie ist entscheidend für das Leben. Das sollte genügen.

Der gehemmte und egoistische Mensch ist ständig mit sich selbst beschäftigt. Er kann sich nicht leiden, wird immer weniger anziehend. Er zeigt seine Gefühle nicht und verbirgt seine natürlichen Gaben; er riskiert nicht, auf die anderen zuzugehen, verschwendet kaum einen Gedanken an seine Mitmenschen, noch vermag er, über seinen eigenen Tellerrand hinauszuschauen und die zu sehen, die um ihn sind. Er hat gelernt, sein Leben auf Zustimmung und Anerkennung auszurichten, von der ihm ohnehin nie genug vergönnt ist. Der gehemmte Mensch liebt nicht, wenn er auch geliebt werden will. Doch ohne sich selbst einzubringen, gibt es keine Liebe. Dann bleibt sie in ihrem Schneckenhaus.

Wir alle haben Probleme, doch geben wir ihnen Ausdruck, kommen sie in Bewegung. Und bald bedarf es keiner Therapie mehr.

Eine Patientin sagte einmal zu ihrem Psychotherapeuten: »Ich bin in Sie verliebt.«

»Ach, ja?«

»Ja, ich liebe Sie sehr«, betonte die Patientin.

»Wie schön! Und wie fühlen Sie sich dabei?«

»Ich denke gerne an Sie und stelle mir vor, wie ich mich mit Ihnen unterhalte. Und sind unsere Sitzungen zu Ende, gehe ich glücklich nach Hause. Ich fühle mich gut dabei, meine Gefühle mit Ihnen zu teilen. Können wir jetzt mit der Therapie weitermachen?«

»Möchten Sie denn nicht wissen, was ich darüber denke?«

»Nein«, war die Antwort.

Großartig! Ist es nicht wunderbar, seine Gefühle frei aussprechen zu können, ohne Fesseln; seinen Gefühlen einem Menschen gegenüber Ausdruck geben zu können, der versteht?

Alle psychologischen Probleme können sich nur entwikkeln, weil wir unsere Gefühle nicht zum Ausdruck bringen. Wir sind eingeschüchtert, nicht in der Lage, weder positive noch negative Gefühle zu äußern. So gesehen sind wir wahre Analphabeten. Wir haben Angst. Wohl können wir über unsere Probleme sprechen, aber nicht über unsere Gefühle.

Carl Rogers spricht hier von Kongruenz. Damit ist folgender Zusammenhang gemeint: Wenn ich dir mein Problem offenbare, schließt das ein Risiko mit ein. Kongruenz besagt, bereit zu sein, mit dir sowohl mein Gefühl dir gegenüber wie auch in Bezug auf die Situation zu teilen. Ich kann sagen: »Ich bin in dich verliebt; ich bin fasziniert; du ziehst mich sexuell an; doch es gibt etwas, was ich an dir nicht mag; manchmal ärgere ich mich furchtbar über dich«, und so weiter.

Fast nie sprechen wir etwas aus, was uns selbst offenbart, Licht in unser Geheimnis bringt. »Etwas an dir zieht mich an, was mich zutiefst berührt. Ich bin mir nicht sicher, was das bedeutet.« Gefühle betreffen mein Innerstes. Was wäre, wenn die anderen nicht wüßten, was ich *getan* habe, sondern wer ich *bin*, und was ich *fühle*?

Der gehemmte Mensch leidet an »emotionaler Verstopfung«. Eine gute körperliche Konstituion verlangt eine Art innerer Nahrung, wobei der, der ernährt werden soll, dafür sorgt, daß genug Energie beigebracht und die Überreste entsorgt werden. Diese Aufgabe muß regelmäßig vom Organismus geleistet werden. Genauso bedarf die Organisation der Gefühle regelmäßiger Entsorgungen. Sie müssen in Gang bleiben, sonst staut sich eine psychische Vergiftung an und es entsteht ein heimtückisches Geschwür. Mit unseren guten

Manieren, der Etikette und der gesellschaftlichen Anerkennung tragen wir alle zu dieser »inneren Verstopfung« bei, bei der sich emotionale Heuchelei anhäuft. Diese Menschen haben weder Gefühle, noch Wünsche, noch Lebenslust. Manche können morgens kaum aufstehen, andere haben Angst, wenn sie anderen Menschen gegenübertreten sollen. Der Welt die Stirn zu bieten verlangt Emotion, um aus der Sicherheit und dem schützenden Mutterschoß heruszutreten; verlangt eine Änderung der Lebensform, Risiko und Fortbewegung statt Dunkel und Starre. In ihrem Bemühen, im Sicheren zu verharren und sich dem Risiko des Lebens zu entziehen, unterdrückt das Wesen der gehemmten Persönlichkeit den Willen, und alle Energie wendet sich nach innen, der Fluß des Lebens wird blockiert.

Der gehemmte Mensch ist zugleich sehr egoistisch, denn er weilt in Gedanken immer bei sich. Doch egoistisch ist eigentlich nicht das richtige Wort, da er sich ja nicht für sich selbst einsetzt. Der gehemmte Mensch lebt in einem Elfenbeinturm, obwohl er darauf besteht, allem gegenüber, was um ihn herum geschieht, sehr sensibel zu sein. Gehemmte Menschen wollen immer gefallen. Sie halten sich aus allem heraus, können sich erhitzen oder Ruhe bewahren, es sei denn, es geht um etwas, was sie bewegt. Sie können nicht nein sagen, denn sie brauchen ständig Bestätigung und Rückhalt. Sie meinen, ein Ja könnte ihnen das geben. Sie sind verkrampft und können sich nicht entspannen. Sie sind unentschlossen und machen um alles ein Geheimnis. Sie würden Ihnen nicht einmal verraten, was sie zu Mittag gegessen haben. Sie vermeiden das Wörtchen »ich«.

Ist Ihnen schon einmal aufgefallen, daß Menschen mit bewundernswert guten Manieren ausgesprochen gehemmt zu sein scheinen? Doch müssen nicht zwangsläufig nichtgehemmte Menschen schlechte Manieren haben. Ob es Drogenabhängigkeit, Sex, Geltungsbedürfnis oder auffallendere

Schwierigkeiten wie Stottern oder Schüchternheit sind, ihre Wurzeln liegen in der Kindheit und sind mit Hemmungen verbunden. Enthemmung ist möglich, die Menschen können geheilt werden. Sprechen Sie nur, sprechen Sie immer und mit Gefühl. Nichts anderes tun Kinder den ganzen Tag (bis sie in die Schule kommen). Sie zeigen den anderen ihre Gefühle, manchen gegenüber ganz besonders – Puppen, Teddybären, Freunden (je weniger sie gehemmt sind). Das heißt Intimität, Nähe. Das ist Liebe. Das ist es auch, wovon die Welt mehr nötig hat.

Übungen und Diskussionsanstöße

Übung A

Finden Sie heraus, was Ihnen in Ihren Beziehungen Angst und Furcht bereitet.

1. Wählen Sie eine dieser Ängste aus.

2. Hinter jeder inneren Unruhe steckt ein Anspruch, den Sie selbst erhoben haben. Können Sie diesen Anspruch genau bestimmen?

3. Machen Sie sich die Erwartung, die hinter diesem Anspruch steckt, oder den Ursprung dieses Anspruchs bewußt. (Es muß etwas geben, das Sie dazu gebracht hat, an einer bestimmten Idee festzuhalten; zum Beispiel die Überzeugung, Ihr Glück hinge von anderen ab, oder das Verhalten eines anderen könne Ihr Glücklichsein bewirken oder darüber bestimmen.)

4. Gehen Sie jetzt in sich und versuchen Sie zu verstehen, daß es in Ihrem Innern ein unerschöpfliches Reich des Glücks gibt, das sich selbst genügt. Sie hatten es bisher nicht in sich entdeckt, weil Ihre Aufmerksamkeit auf etwas gerichtet war, dem Sie Glauben schenkten, oder auf Ihre Illusionen, die Sie sich von der Welt machten. Wenn man glücklich ist, verschwinden die inneren Ängste.

Erstes
Diskussionsthema

Verlangen ist sicherlich keine Liebe, obwohl beides ständig miteinander verwechselt wird. Verlangen, als kopflose Suche nach Belohnung, verläßt Heim und Hof, um unaufhörlich nach noch etwas mehr zu suchen. Doch die Liebe ist immer zu Hause, in Ihnen.

Übung B

1. Denken Sie an etwas, für das Sie gekämpft oder das zu erreichen Sie sich angestrengt haben.
2. Machen Sie sich bewußt, daß Sie das wenigste davon brauchen.
3. Stellen Sie sich für einen Augenblick vor, Sie hätten die Angst verloren, ohne das Ersehnte leben zu müssen.
4. Stellen Sie sich vor, Sie hätten die Angst davor verloren, unbedeutend zu sein.
5. Halten Sie diesen mutigen Gedanken fest. Sie haben das Glück gefunden. Können Sie es fühlen? Das Glück liegt nicht in den Dingen, die das Ich *besitzt*, sondern darin, was das Ich *ist*. Ihr Ich ist doch schon, was es sein muß. Können Sie das sehen? Das ist wirklicher Glaube.

Zweites Diskussionsthema

Das Leben ist zu wichtig, um in der Sorge um Reichtum, Ruhm, gutes Aussehen und Beliebtheit verschwendet zu werden, oder gar in der Angst davor, arm, unbekannt oder häßlich zu sein oder vergessen zu werden. All dies verliert an Bedeutung und erscheint wie ein Kieselstein neben einem strahlenden Diamanten. Sie, Ihr wahres Ich, war immer ein strahlender Diamant und wird es immer sein. Der Wert Ihres Lebens ist unschätzbar. Würden Sie mit einem wertvollen Manuskript ein Feucr anzünden? Der Zwang zu beeindrucken ist eine Verschwendung Ihres wertvollen Lebens. Diese Einstellung gehört mit zu den Ursachen, die für das meiste Unglück auf dieser Welt verantwortlich sind. Seien Sie realistisch und nicht so wirklichkeitsfremd.

Übung C

1. Stellen Sie sich vor, Sie werden gelobt. Was sagt man Ihnen? Sagen Sie zu sich selbst: »Dieses Lob *ist* nicht mein Ich; es *bezieht sich* nur auf mein Ich.« Identifizieren Sie sich nicht mit Dingen, Vorstellungen, Worten oder Etiketten, mit sich, mit Ihrem Ich. Und wenn es denn sein muß, dann nur ganz vage.

2. Stellen Sie sich vor, Sie werden kritisiert. Was sagt man Ihnen? Sagen Sie sich: »Diese Kritik ist nicht mein Ich; sie bezieht sich nur auf mich.«
   Es besteht nur eine lose Verbindung. Identifizieren Sie sich nicht mit Dingen, Vorstellungen, Worten oder Etiketten.

3. Stellen Sie sich vor, wie Sie sich selbst die Schuld für irgendeinen Fehler, den Sie begangen haben, zuweisen. Sagen Sie sich: »Diese Kritik ist nicht mein Ich; sie bezieht sich nur in einer vagen Form auf mich. Meine Vorstellungen, meine Einschätzungen sind nicht mein Ich; sie können wohl meine sein, sind aber nicht ich.«
   Dem Ich geht es weder gut noch schlecht, es ist weder schön noch häßlich, intelligent oder dumm. Das Ich *ist* ganz einfach nur; unbeschreiblich wie der Geist. Alles – Ihre Gefühle, Gedanken und Körperzellen – kommen und gehen. Identifizieren Sie sich mit nichts von alldem. Das Ich ist nichts davon.

Drittes Diskussionsthema

Versuchen Sie es gar nicht erst.

Bei der Spiritualität geht es in Wirklichkeit um die Frage, das zu sein, was man ist; das zu werden, was man ist; zu sehen, was man ist. Trotzdem wir ehrbare, eitle, verrückte, entschuldbare oder grausame Dinge tun, werden wir dadurch gerettet, daß wir verstehen, was wir bisher nicht verstanden haben. Wenn wir entdecken, daß unser Wesen einmalig und unwandelbar ist, daß unser Ich das ist, was es schon immer durch die Gnade Gottes war, werden wir schließlich zu unserem spirituellen Ich gelangen.

Wir müssen nicht die Frohe Botschaft zu verstehen suchen. Wir haben eine Goldmine in uns, wir sind das Königreich.

Sie werden merken, daß Sie endlich frei sind, wenn Sie nicht mehr das kindische Verlangen haben, »in Ordnung« zu sein. Sie verzweifeln nicht mehr wegen Ihres Aussehens, des Lebens oder wegen Gott, wenn Sie erst zu dem Bewußtsein gelangt sind, daß Sie das alles schon besitzen.

Übung D

1. Stellen Sie eine Liste all dessen zusammen, worüber Sie sich normalerweise ärgern.

2. So unglaublich es Ihnen auch vorkommen mag, aber machen Sie sich dennoch bewußt, daß es nichts, absolut nichts gibt, was die Macht besäße, Sie zu ärgern. Jedes Sich-Ärgern rührt daher, daß Sie an die Illusion der »Identifikation« glauben – das heißt, Sie haben den Eindruck, eine Illusion sei Ihr Ich. Wenn Sie sich dessen bewußt sind, hat keine Ungerechtigkeit Ihrer Mitmenschen, kein Verlust und kein Leid die Macht, Sie aus der Bahn zu werfen. Egal, was passiert, Sie leben in Frieden. Ein Auto, das außer Kontrolle geraten ist, kann niemanden umfahren, der im Flugzeug sitzt. Noch so schwarze Wolken können den Himmel nicht verdunkeln.

3. Wenden Sie sich wieder Ihrer Liste zu und sagen Sie sich: »Ich bin weder dies, noch bin ich das.« Mag kommen, was will, mein wahres Ich werde ich nicht verlieren.

   Niemand anderer kann Ihr Ich beherrschen und sagen: »Los, pariere, unterwirf dich, gehorche, und ich gebe dir dein Ich.« Sie glauben nicht mehr, daß jemand anderer die Macht hat, Ihnen Ihr Ich zu geben, geschweige denn, es Ihnen zu nehmen. Wissen Sie, was es heißt, sich niemals mehr zu ärgern oder zu fürchten? Dies ist ein Gut von unschätzbarem Wert. Was gäben Sie dafür?

Viertes Diskussionsthema

Es besteht keine Notwendigkeit, bekannt und beliebt zu sein. Man muß nicht geliebt oder akzeptiert werden. Man muß nicht in herausragender Position oder besonders bedeutend sein. Das alles sind keine menschlichen Grundbedürfnisse, sondern Wünsche des Ego, des konditionierten, beeinflußten Ich. Etwas, das sehr tief in Ihnen verwurzelt ist, nämlich Ihr wahres Ich, hat an diesen Dingen überhaupt kein Interesse. Denn es hat schon alles, was es braucht, um glücklich zu sein. Sie müssen sich nur Ihre Anhänglichkeiten bewußt machen, die Trugbilder, die sie sind. Dann werden Sie auf dem Weg in die Freiheit sein.

Übung E

1. Wenn Sie glücklich sein möchten, bemühen Sie sich nicht, Ihre Wünsche zu erfüllen, denn sie wären nicht die Antwort auf Ihr Leben. Geben Sie Ihre Wünsche auf, wenn Sie glücklich sein wollen. Verändern Sie Ihre Wünsche in Vorlieben, indem Sie ihren begrenzten Wert erkennen. Erfüllte Wünsche bringen Erleichterung und Trost, aber nicht das Glück.

2. Stellen Sie sich etwas vor, worauf sich Ihr ganzes Sehnen richtet. Prüfen Sie diese Sehnsüchte – eine nach der anderen – und fragen Sie sich: »Was wäre, wenn ich glücklich sein könnte, ohne daß eine meiner Sehnsüchte in Erfüllung ginge? Wäre das nicht wunderbar?«

3. Machen Sie sich bewußt, daß es Tausende von Menschen gibt, die auch ohne die Dinge oder Menschen, nach denen Sie so sehnlichst verlangen, wirklich glücklich sind.

4. Nun sagen Sie zu jedem einzelnen dieser Menschen, nach denen Sie sich so sehr sehnen, und zu jedem einzelnen dieser Dinge, nach denen Sie so verlangen: »Ich will wirklich ohne euch glücklich sein, denn ihr seid nicht mein Glück.«

   Sie können sich es nicht erlauben, mit falschen Identifikationen zu leben; gestehen Sie sich doch ein, daß diese Menschen oder diese Dinge nur Ihre persönlichen Vorlieben sind.

Fünftes Diskussionsthema

Es gibt keinen naturgegebenen menschlichen Trieb, bedeutsam zu sein, irgendwie mehr als andere zu sein, oder als wichtiger angesehen zu werden als die anderen. Das Verlangen, beliebt, geliebt und erfolgreich zu sein, ist von uns selbst geschaffen. Der einzige natürliche Trieb, den es gibt, ist, frei zu sein: von dem belastenden Verlangen, wichtig, erfolgreich, beliebt oder geliebt zu sein.

Die Freiheit von dem Bedürfnis, belohnt zu werden und Beifall zu erheischen, ist die Freiheit, die uns als Söhne und Töchter Gottes gebührt.

Übung F

1. Beobachten Sie Ihre Enttäuschung, wenn etwas nicht so läuft, wie Sie es sich vorgestellt hatten; wenn jemand etwas nicht so macht, wie Sie erwartet hatten, oder wenn Sie irgendeine Kritik trifft.

   Versuchen Sie zu verstehen, was in Ihnen diese bittere Reaktion hervorruft, oder weshalb Sie sich über diese Kritik oder diesen Vorfall so geärgert haben.

2. Vergegenwärtigen Sie sich die Scham- oder Schuldgefühle, die Sie wegen eines Fehlers in der Vergangenheit hatten. Machen Sie sich klar, wie weit Sie dazu imstande sind, sich selbst zu verurteilen, negative Gefühle und Unglücklichsein in sich selbst zu wecken.

   Erkennen Sie Ihr ganzes Selbstmitleid wegen Ihres Kummers.

   Verstehen Sie, daß Sie der einzige sind, der Sie verurteilt; entschuldigen Sie sich bei Ihnen selbst, und kommen Sie zu Einsicht und Erleuchtung. Welch eine Offenbarung!

   Jede geringste Andeutung von Leid, jedes negative Gefühl, kann Sie dazu bringen zu verstehen, kann Sie zu Klarheit, Glück und Freiheit führen – Sie müssen nur wissen, wie Sie es dazu benutzen können, sich auch die Zeit dafür nehmen, es zu verstehen, so als ob Sie es nur sähen. Herr, ich kann sehen! Verstehen: das ist die Formel für ein glückliches Leben.

Sechstes Diskussionsthema

Angenehme Erfahrungen machen das Leben zu einem Vergnügen; schmerzliche Erfahrungen bringen Wachstum. Leid und Schmerz zeigen uns, an welcher Stelle es uns nicht gut geht, wo wir noch nicht gewachsen sind – so wie körperlicher Schmerz ein Symptom für eine Krankheit oder ein Hinweis auf Überbelastung des Körpers ist. Lassen Sie kein Leid ungenutzt verstreichen, das Sie befällt.

Übung G

1. Betrachten Sie die Menschen, die Sie kennen und mögen. Sehen Sie sie als Egoisten und als Narren. Erinnern Sie sich an Gelegenheiten, bei denen sich der ein oder andere unreif und engstirnig zeigen konnte, vielleicht auch furchtsam und verwirrt, und schließlich unschuldig, frei von Schuld.

2. Betrachten Sie die Menschen, die Sie bewundern, von denen Sie schon gelesen haben, zu denen Sie schon gebetet haben; Jesus, zum Beispiel. Sehen Sie sie als Egoisten, Narren, als unreif und engstirnig, furchtsam und verwirrt, unschuldig, frei von Schuld.

3. Nun denken Sie an sich selbst. Sehen Sie sich als einen Narren, Egoisten, Kleingeist, als verwirrt, ignorant, unschuldig, frei von Schuld.

4. Gibt es die eine oder andere Eigenschaft, die Sie nicht akzeptieren oder auf sich selbst anwenden können? Wären Sie enttäuscht, wenn das, was man über die anderen oder über Sie gesagt hat, wahr wäre? Oder lieben Sie sie mit all ihren Beschränkungen und Schwächen nur um so mehr? Können Sie diese Vorbehalte als schlicht menschlich akzeptieren? Akzeptieren Sie sie als Menschen, die Sie lieben können? Können Sie verstehen, daß Gott die persönlichen Eigenheiten aller Menschen lieben kann, genauso wie ihre Schwächen und Tugenden?

Siebtes Diskussionsthema

Sie verlieben sich nie in jemanden. Sie verlieben sich in vielversprechende Vorstellungen und angenehme Gefühle, die Sie einem bestimmten Menschen gegenüber entwickeln.

Sie haben auch noch niemals einem anderen Menschen vertraut; Sie vertrauten lediglich Ihrem eigenen Urteil über diesen Menschen. Wenn sich Ihr Urteil über ihn ändert, ändert sich auch Ihr Vertrauen.

Übung H

1. Denken Sie an die vielen Kontrollen, denen Sie sich unterworfen haben, nur weil Sie die Gesellschaft und die Anerkennung anderer brauchten. Sie haben zugunsten von Annehmlichkeiten auf die Freiheit verzichtet. Wieso haben Sie das getan? Können Sie sagen, was Sie dadurch erreicht haben?

2. Lassen Sie die Menschen frei kommen und gehen, als mache das Ihnen gar nichts aus. Die schönste Erlösung und Befreiung besteht darin, andere allein lassen zu können, damit sie lieben und wachsen können, ihnen nichts aufzuzwingen, sich nicht einzumischen und in ihr Leben zu zwängen. Erkennen Sie, wie Störungen und Starrheit weniger werden, sobald Sie aufhören, Interesse und Besorgnis vorzutäuschen. Eigentlich macht das keinen Unterschied. Befreien sie sich nicht? Befreien Sie sich nicht? Sehen Sie, wie Sie Ansprüche, Erwartungen und Tugenden aufgegeben haben?

3. Das ist keine Fühllosigkeit, das ist Liebe. Es ist Gleichmut, Akzeptanz und Zärtlichkeit auf höchster Stufe. Aber erwarten Sie bitte nicht, daß man Sie versteht. Nehmen Sie nicht an, die Leute hätten Augen, um erkennen zu können. Sie wurden programmiert, andere und sich selbst nach dem Schema F der Vergangenheit, nach gesellschaftlichen Konventionen und religiösen Systemen zu beurteilen.

Achtes Diskussionsthema

Die Hauptursache für die Traurigkeit der Welt liegt einfach im Unvermögen der Menschen, sich nicht von den angelernten Verstellungsmechanismen anderer täuschen zu lassen.

Zeigt jemand an Ihnen Interesse, weil er etwas erreichen will? Das ist normal.

Besteht jemand darauf, daß Sie Ihr Leben im Einklang mit seinen Vorlieben leben, oder um seine Wünsche zu erfüllen? Die Familie oder Freunde?

Besteht jemand darauf, daß Sie Ihr Leben im Einklang mit Regeln leben, die jemand anderer aufgestellt hat? Ihre Eltern oder Vorgesetzte? Welcher Typ von Mensch könnte versuchen, andere zu kontrollieren?

Erlauben Sie jemandem, Sie insgeheim zu zwingen, egoistische und unangenehme Gefühle zu haben? Wie schafft er das? Sind Sie fest dazu entschlossen, Ansprüche nicht zu erfüllen und Menschen zu enttäuschen, die von Ihnen verlangen, daß Sie alles so machen, wie sie selbst?

Übung I

1. Stellen Sie sich vor einen Ihrer Freunde und sagen Sie ihm: »Ich lasse dir die Freiheit, du selbst zu sein, deine eigenen Gedanken zu haben, deinen eigenen Neigungen nachzugehen, dich deinen eigenen Vorlieben hinzugeben, dein Leben so zu leben, wie du es willst. Ich werde nichts von dir verlangen; ich will nicht, daß du so bist, wie ich es mir wünsche. Hinsichtlich dessen, was du sein oder künftig tun solltest, werde ich nichts von dir erwarten.«

2. Sagen Sie auch: »Von jetzt an werde ich die Freiheit haben, meine eigenen Gedanken zu haben, mein eigenes Leben zu leben ...«

3. Wenn man das nicht sagen kann, was soll man dann über sich selbst denken? Über die Beschaffenheit seiner Freundschaften? Über die Qualität seines Lebens?

Neuntes Diskussionsthema

Erweisen Sie nie jemandem einen Gefallen, damit er Ihnen dafür dankbar ist. Sie werden nicht verbergen können, daß Sie auf Dankbarkeit und Lob aus sind, man wird sich Ihnen verpflichtet fühlen, wenn nicht sogar manipuliert. Manches, was Sie tun, nährt den falschen Glauben, daß Ihre Kraft eher in den anderen liegt als in Ihnen selbst. Götzendienst ist eine Illusion, die den äußeren Umständen eine größere Kraft zuschreibt als denen, die in Ihnen selbst liegen. Wenn Sie jemandem Macht über sich geben, schaffen Sie selbst den Götzen.

Übung J

1. Stellen Sie sich vor, Sie hätten einen Zustand erreicht, bei dem Sie nicht mehr das Bedürfnis haben, jemandem Erklärungen über sich selbst abzugeben. Was für ein Gefühl ist das, sein Tun und Lassen nicht mehr rechtfertigen zu müssen, keine Erlaubnis mehr einholen und keine Ausreden mehr erfinden zu müssen?
   Wie verhalten Sie sich? Glauben Sie, Sie können diesen Zustand in der näheren Zukunft erreichen?

2. Stellen Sie sich vor, Sie bräuchten niemanden mehr zu beeindrucken. Wie fühlen Sie sich? Was tun Sie, wenn Ihnen nicht mehr daran liegt, jemanden zu beeindrucken? Was glauben Sie, müssen Sie tun, um diesen Zustand zu erreichen?

3. Die anstrengendste Art der Versklavung ist die Sorge: »Welchen Eindruck mache ich auf die anderen?« Sie treibt die Menschen dazu, intelligent, charmant, großzügig, sportlich usw. zu erscheinen. Kennen Sie jemanden, der so ist? Wie fühlen Sie sich ihm gegenüber? Können Sie verstehen, daß ein Staatspräsident oder ein Papst wirklich Sklaven wären, wenn sie sich so verhielten?

Zehntes Diskussionsthema

Frei nach Georg Santayana ist »der Mensch eher psychisch als physisch ein Herdentier. Er kann schon gern einmal alleine einen Spaziergang machen, doch in seinen Überzeugungen ist er nicht gerne alleine«. Das erste, was Erziehung einem Menschen vermitteln muß, ist die Fähigkeit, allein sein zu können, und der Mut, seinen eigenen Augen, seinem Herzen und Geist, den eigenen Beobachtungen, Gedanken und Gefühlen zu trauen. Finden Sie das auch?

Übung K

1. Denken Sie an jemanden, an dem Sie sehr hängen. Sagen Sie zu ihm: »Ich sehe dich nicht, wie du bist, sondern wie ich mir dich vorstelle.«

2. Denken Sie an jemanden, den Sie nicht mögen. Sagen Sie zu ihm: »Ich sehe dich nicht, wie du bist, sondern wie ich mir dich vorstelle.«

3. Wenn Sie erst einmal zu Bewußtheit und Liebe gelangt sind, werden Sie nicht länger etwas mögen oder nicht mögen, jedenfalls nicht so, wie man »mögen« gemeinhin versteht. Das Pendel verharrt nicht dort, wohin es ausschlägt.

4. Es ist wunderbar zu erkennen, daß meine Sichtweise und Phantasie meine eigenen sind, sich auf mich beziehen.

   Es ist wunderbar zu begreifen, daß die Wirklichkeit, die ich sehe, einfach nur ist; daß auch mein Gegenüber einfach nur das ist, was es ist. Nie werde ich es verstehen oder seine Wirklichkeit besitzen können.

Elftes Diskussionsthema

Es ist kein Egoismus, so zu leben, wie Sie es als angemessen empfinden. *Egoismus ist, zu verlangen, daß andere so leben, wie Sie es als angemessen empfinden würden.* Kennen Sie einen egoistischen Menschen? Welche Stellung hat er im Leben? Ist das eine gute Stellung für einen Egoisten? Betrifft Sie das in irgendeiner Weise?

Können Sie sich daran erinnern, je verlangt zu haben, daß ein anderer Ihre Ansprüche erfüllt, oder darauf bestanden zu haben, daß jemand anderer so leben sollte, wie Sie es als angebracht empfanden? Von seltenen Ausnahmen abgesehen, sind zum Beispiel sämtliche Obrigkeiten egoistisch.

Übung L

1. Denken Sie an eine unangenehme Erfahrung, die Sie mit einem Menschen gemacht haben.

2. Betrachten Sie diese Erfahrung als eine außergewöhnliche Chance.
   A. Sehen Sie den betreffenden Menschen so wie er ist, und nicht als das, wozu Sie ihn hochstilisieren. Etwas von jemandem zu erwarten, heißt, ihn zu etwas hochzustilisieren.
   B. Lernen Sie sich selbst besser kennen.
   C. Akzeptieren Sie die Menschen wie sie sind, ohne sie zu be- oder verurteilen.

3. Sehen Sie in den unpasssenden Reaktionen oder dem unpassenden Verhalten anderer einen Hilferuf. Sie sind in den Fängen ihres eigenen Geistes; gefangen von ihrer Programmierung, genau wie Sie früher. Sie können der Illusion nicht entfliehen.

Zwölftes Diskussionsthema

Es ist eine Illusion, zu glauben, daß man anderen das Heil bringen kann, effiziente Organisationen für eine »bessere Welt« gründen kann, oder das Übel beseitigen kann. Nehmen Sie die Binde von den Augen. Nur eigene Bewußtheit kann jemandem etwas bringen. Die gesellschaftlichen Einrichtungen, die Verbesserung oder Schutzmaßnahme sein sollen, verursachen oft nur gewaltigen Schaden.

Wodurch unterscheidet sich ein Anarchist von einem Terroristen? Wodurch unterscheiden sich Agenten des KGB von Agenten des CIA; wodurch unterscheiden sich die chilenische DINA und der israelitische Mossad? Wen schützen sie und wen vernichten sie?

Gewalt zieht nur noch größere Gewalt nach sich. Hat man sich mit schlechtem Wasser den Magen verdorben, wird man nicht dadurch wieder gesund, daß man noch mehr davon trinkt.

Das Heilmittel ist durch Gewalt und Egoismus verdorben.

Lassen Sie die Menschen sein, was sie sind. Lassen Sie sich selbst sein, was Sie sind. Leben Sie Ihr Leben und hören Sie auf, ständig darin einzugreifen.

Übung M

Hier einige Schritte, mit denen Sie einen Entwicklungsstand erreichen, auf dem Sie die Liebe probieren können; auf dem Sie sich nicht blenden, nicht treffen und nicht verletzen lassen.

Dies wird Ihnen helfen, mit Zurückweisungen umzugehen, Anerkennung durch Dritte als absolut nutzlos und oberflächlich anzusehen und schließlich darauf zu verzichten. Sie werden fähig sein, Selbstlob und Selbstverurteilung aufzugeben, sobald Sie erst erkannt haben, daß sie bedeutungslos sind.

1. Denken Sie an jemanden, dessen Anerkennung Sie sich wünschen. Verstehen Sie, daß Sie in Gegenwart dieses Menschen Ihre Freiheit verlieren, Sie selbst zu sein und ihn so zu akzeptieren, wie er ist, weil Sie ihn brauchen.

2. Was meinen Sie, wessen Gegenwart Sie bräuchten, wenn Sie alleine sind? Denken Sie an jemanden, dessen Gegenwart Ihnen unverzichtbar erscheint, um in Ihnen das Gefühl zu vertreiben, daß es Ihnen nicht gut geht.

   Erkennen Sie, daß Sie in Gegenwart dieses Menschen nicht frei sind, denn Ihrer Meinung nach ist er die Voraussetzung zu Ihrem Glück.

3. Denken Sie an Menschen, denen Sie die Macht gegeben haben, Sie glücklich oder unglücklich zu machen.

4. Machen Sie sich nichts vor: Sie brauchen niemanden als emotionale Krücke. Sobald Sie sich dessen bewußt werden, hat niemand mehr Macht über Sie. Mit Ihren emotionalen Höhen und Tiefen wird Schluß sein. Über Ihre zwischenmenschlichen Beziehungen werden Sie selbst Herr sein. Sie werden niemandem mehr ausgeliefert und frei

sein. Jetzt können Sie lieben. Ihre Spiritualität und Menschlichkeit sind wiederhergestellt.

Dreizehntes Diskussionsthema

Sich um sich selbst zu kümmern ist eine egoistische und autarke Haltung, in ihrem Ursprung aber christlich und in ihren Resultaten gesund. Lernen Sie, jeden Tag vollwertig – menschlich und glücklich – zu leben. Wer wirklich menschlich ist, lernt schwimmen und ertränkt sich nicht mit einem Freund.

Übung N

Hier ist ein Weg zu neuem Verstehen und Bewußtsein.

1. Denken Sie an etwas, was jemand einmal sagte oder tat.
2. Nun vergessen Sie das, was er sagte und tat, und schauen Sie, was hinter den Tatsachen steckt.
3. Verstehen Sie den wahren, tieferen Beweggrund. Ist es nicht sehr lohnenswert, mit dem Herzen und dem Verstand zu sehen, anstatt an den Worten zu kleben oder sich von Vorurteilen leiten zu lassen?

Vierzehntes Diskussionsthema

Ein chinesisches Sprichwort sagt: »Es gibt nichts Grausameres als die Natur. Keiner kann ihr entkommen. Doch nicht die Natur greift an, sondern das menschliche Herz.«

Übung O

1. Sagen Sie zu einem Freund: »Ich weiß, daß ich nicht auf dich zählen kann, wenn es wirklich darauf ankommt. Ich kann mich nicht auf dich stützen, denn du kannst mir nicht helfen.«

2. Verstehen Sie, wie faszinierend es ist, keinen einzigen Freund oder Ratgeber zu haben, auf den man zählen kann. Wenn Sie erkennen, daß andere unfähig sind, Ihnen zu helfen, entdecken Sie das Königreich in sich selbst.

3. Lernen Sie verstehen, wie wunderbar es ist, von seinen besten Freunden enttäuscht zu sein, was nichts mit Zynismus oder Bitterkeit zu tun hat, sondern damit, daß man sich der Wirklichkeit bewußt ist. Denn sie sind unfähig, Ihnen zu helfen, wenn es wirklich darauf ankommt.

   Denken Sie an die offensichtlich harten Worte Jesu, die er in bezug auf Eltern, Brüder und Schwestern sagte. Und was konnten Petrus und Johannes für Jesus am Gründonnerstag, Karfreitag oder zu einem anderen Zeitpunkt tun? Die Enttäuschung, die Befreiung von Illusionen, ist eine große Chance. Es ist, als erwachte man zu neuem Leben. Es geht Ihnen gut, auch wenn Sie es nicht meinen.

Fünfzehntes Diskussionsthema

Der zur Bewußtheit gekommene Mensch genießt alles. Wird er gefragt wieso, wird er antworten: »Wieso nicht?« Der bewußte Mensch lebt in einer Welt des Ich (das Nicht-Ich), in der Einsamkeit und Unglücklichsein unmöglich, ja unvorstellbar sind. Der bewußte Mensch lebt in einer zugleich einheitlichen und vielfältigen Welt, einer Welt der Erneuerung und des Jetzt.

Übung P

Machen Ihre Mitmenschen Sie unglücklich? Halten Sie sie für undankbar, für nicht vertrauenswürdig, gemein, egoistisch oder launisch?

1. Ich zeige Ihnen hier einen wunderbaren und unfehlbaren Weg, sie zu ändern (zumindest im Hinblick auf Sie).
   A. *Ändern Sie sich selbst.* Wenn Sie sich ändern, ändern sich auch die anderen. Das Problem liegt nämlich nicht allein bei den anderen, sondern an der Art, wie Sie mit ihnen umgehen.
   B. Das Problem liegt in den Ansprüchen und Erwartungen, die Sie an die anderen haben. Machen Sie damit Schluß und schauen Sie, was passiert.
   C. Sagen Sie zu jedem: »Ich habe kein Recht, einen Anspruch an dich zu stellen oder etwas von dir zu erwarten.«

2. Stellt jemand einen Anspruch an Sie, und Sie stört das, dann äußern Sie den starken Wunsch, er möge damit aufhören.
   A. Können Sie sehen, wie Sie erwarten, der andere solle sich ändern, statt daß Sie allein sich ändern und allein wachsen?
   B. Höchstwahrscheinlich erwartet der Betreffende auch, daß Sie sich zuerst ändern.
   C. Auf diese Weise wird die Kluft zwischen Ihnen immer größer, und diese Beziehung kann auf Jahre hin schmerzhaft bleiben – einer erwartet vom anderen, daß er sich ändert, oder einer von beiden stirbt.

Sechzehntes Diskussionsthema

Was trifft eher zu: Mir geht es gut, weil die Welt in Ordnung ist? Oder: Die Welt ist in Ordnung, weil es mir gut geht?

Übung Q

1. Stellen Sie sich eine künftige Welt vor, in der niemand mehr die Macht hat, Sie zu verletzen; in der Unternehmer sich nicht mehr gegenseitig ausbooten, es keinen Konkurrenzkampf mehr gibt, in der die Frauen keine Angst mehr vor ihren Männern haben, in der sich Eltern und Kinder nicht mehr bedrohen; in der die Menschen keinerlei Angstgefühle mehr haben, in der alle, die allein leben, sich nicht einsam fühlen; in einer Welt, deren Bewohner von keiner Schreckensherrschat unterdrückt werden, in der niemand mehr Angst vor niemandem hat.
2. Ließe sich auch ohne Wunder dahin kommen?
3. Wie? Womit würden Sie beginnen, um diese Welt Wirklichkeit werden zu lassen?

Übung R

Denken Sie an einen Schmerz, einen Ärger oder eine Sorge, die Sie einmal hatten. Versuchen Sie nun zu verstehen, daß es für Sie keinen Schmerz gäbe, wenn Sie ein größeres Verständnis hätten.

Gedanken Anthony de Mellos S. J. über Meditation und spirituelles Wachstum

1. Wie glücklich oder unglücklich wir sind, hängt eher davon ab, wie wir die Ereignisse wahrnehmen und ihnen gegenübertreten, als von den Ereignissen an sich. Wenn Sie Ihr Leben nicht genießen, stimmt etwas Grundlegendes mit Ihnen nicht.

2. Leben Sie im Geist oder durch das Gesetz?
Die Oberen sagen Ihnen, Ihre letzte Stunde wäre verschwendet gewesen, wenn Sie sie nicht nach ihren Regeln gelebt haben.
Ehrgeizige Menschen versuchen, Sie davon zu überzeugen, daß die letzte Stunde verschwendet gewesen ist, wenn Sie keine Ergebnisse liefern können.
Der Geist inspiriert Sie zu glauben: »Wenn du die letzte Stunde zu nichts genutzt hast, hast du sie gewonnen.«

3. Es erscheint Ihnen ein Engel und sagt: »Du hast einen Wunsch frei.« Was würden Sie sich wünschen? Und wieso?

4. Schämen Sie sich für nichts, was Sie jemals getan haben.

5. Alle Hindernisse auf unserem Weg zum Glück haben wir selbst errichtet. Sind Sie sich dessen bewußt, was während all der Jahre für Ihr Glück ausschlaggebend war? Haben Sie sich einmal von jemand anderem kontrollieren lassen? Welche falsche Überzeugung bewog Sie dazu?

6. Nicht das, was wir haben, sondern was wir verkosten, macht uns glücklich. Man kann das Leben nur verkosten, wenn man nicht fürchtet, etwas zu verlieren. Man wird frei, wenn man sich schließlich bewußt macht, daß einem

nicht genommen werden kann, was man weiß, weder von anderen noch von sich selbst.

7. Wenn man glücklich sein möchte, kann man es augenblicklich sein, denn das Glück liegt in diesem Augenblick. Wenn man jedoch noch glücklicher sein will, oder glücklicher als die anderen, zeigt man alle Eigenschaften eines unglücklichen Menschen, denn Glück ist unvergleichlich. Solche Wünsche sind unerfüllbar. Man kann nur so glücklich sein wie man selbst ist; das Glück der anderen läßt sich nicht messen.

8. Beziehungen lassen sich nur zwischen Menschen mit Bewußtsein aufbauen. Unbewußt lebende Menschen können keine Liebe teilen. Sie können untereinander nur Wünsche, Ansprüche, gegenseitige Schmeicheleien und Manipulationen austauschen. Prüfen Sie Ihre Liebe, um zu wissen, ob es bewußte Liebe ist: Wenn Ihnen der Mensch, den Sie lieben, einen besonderen Wunsch nicht erfüllen möchte, wie schnell wenden Sie sich von ihm ab?

9. Das einzige Schreckgespenst, das es gibt, ist das der Unbewußtheit – der Unfähigkeit, Ignoranz und des Versagens, das Leben so zu sehen, wie es wirklich ist, die Menschen zu verstehen, und die anderen ohne Angst zu akzeptieren. Das Leben eher durch eine Ideologie als mit dem Herzen, den Augen und dem Verstand zu sehen, ist das Übel dieser Welt – Unbewußtheit; Menschen, die kaum wissen, was sie tun. Die meisten leben die meiste Zeit ihres Lebens in Unbewußtheit, mit gespaltener Identität.

10. Wir unterscheiden uns von Verbrechern nicht in dem, was wir tun, sondern in dem, was wir sind. Unter bestimmten Umständen ist jedes Verhalten denkbar.

11. Schwierigkeiten mit anderen Menschen gibt es nicht. Die einzige Schwierigkeit steckt in uns selbst. Das Problem sind nicht die anderen, sondern die eigene Art, auf sie zu reagieren. Finden Sie heraus, warum Sie gerade so und nicht anders reagiern. Auf diese Weise werden Sie mit Ihren Illusionen brechen können.

12. Die einzige Ursache Ihres Kummers und Leids liegt in Ihren Vorstellungen davon, wie sich die anderen Ihnen gegenüber verhalten müßten, wobei für Sie klar ist, daß Sie mit Ihren Vorstellungen richtig liegen. Sie leiden nicht deswegen, was andere tun und lassen, sondern weil Sie erwarten, daß sie etwas tun oder lassen müßten und diese Erwartungen enttäuscht werden. Ihre eigenen Erwartungen verletzen Sie. Lösen Sie Ihre innere Anspannung, und Sie werden Wunderbares erleben:

    a) Sie werden in Frieden leben;
    b) Ihre Mitmenschen werden nach wie vor nach ihren eigenen Denkmustern leben, und das wird Ihnen nicht das geringste ausmachen;
    c) Sie werden mehr Energie haben, zu tun, was Sie wollen, denn Sie werden Ihre Zeit nicht mehr mit der Erwartung verschwenden, andere sollten das tun, was Sie geplant haben.

13. Weshalb sind zwischenmenschliche Beziehungen (Freundschaft, Gespräche, Sex, usw.) so schmerzhaft, so anstrengend und beunruhigend? Aller Kummer und alles Leid entspringen Erwartungen, Ansprüchen, Hoffnungen und unbewußten Sehnsüchten. Man möchte, daß sich die Leute so verhalten, wie es einem vorschwebt. Sobald man diese Erwartungen aufgibt, verschwinden Kummer und Leid. Dann werden Sie eine himmlische Erleichterung erfahren, so als atmeten Sie reine Luft.

14. Liebe ist keine Beziehung. Sie ist ein Zustand. Sind Sie im Zustand der Liebe? Leben Sie die Liebe?

15. Die vollkommene Liebe vertreibt unsere Angst, denn Sie hat keine Wünsche, keine Ansprüche, sie schachert nicht, sie beurteilt nicht, hat keine negativen Befürchtungen. Die Liebe ist einfach, ist da, sieht und handelt.

16. Was man oft »Liebe« nennt, ist in Wirklichkeit Eigeninteresse. Aber da man durch Bücher und durch Gehorsam gelernt hat, Liebe mit Tugend gleichzusetzen und sie auf eine für die anderen akzeptable Weise zu leben, meint man, alle Mühen seien Akte reiner Nächstenliebe im Dienste des Apostolats. Und dennoch ist es Eigeninteresse, im Kleid der Großmütigkeit.

17. Die Menschen zu lieben heißt: auch ohne sie vollkommen glücklich zu sein, ohne Angst, jemandem weh zu tun, ohne das Bestreben zu beeindrucken, ohne die Furcht, sie könnten einmal aufhören, einen zu mögen und einen verlassen. Egal, was andere sagen oder tun, Sie leben in Frieden. Füllen Sie Ihre Leere nicht mit Menschen, und nennen es dann auch noch Liebe.

18. Je mehr Sie die andern lieben, desto besser kommen Sie ohne sie aus.
Je mehr Sie die anderen lieben, desto besser kommen Sie mit ihnen aus.

19. Die beste Prüfung, wie es mit Ihrer Bewußtheit steht, ist, sich zu fragen: »Wie habe ich die letzte, eben vergangene Stunde gelebt?«